心理学入門コース 6

臨床と性格の心理学

臨床と性格の心理学

心理学入門コース 6

丹野義彦
坂本真士
石垣琢麿

岩波書店

編集にあたって

　現在，心理学は，社会学や教育学から脳科学や情報科学にいたるまで，さまざまな周辺諸科学との学際的な連携を深め，多方向に進展をみせている．また，現実社会で起きている多様な「心の問題」に対して，具体的で有効な解決策を提示しはじめている．いまや，心理学は「ただの教養の学」としてではなく「実際に使える応用の学」としての色彩を着実に強めつつある．

　しかし，こうした心理学のもっともおもしろくホットな部分は，一部の研究者によって知られているのみで，いまだ広く一般の人々の共有するところにはなり得ていない．また，残念ながら多くのテキストが古典的な学説と旧来の伝統的枠組みを紹介することにとどまりがちである．そのため，心理学のアクティブな動向に早くからふれて鋭い眼力を養うべき学生も，あふれんばかりの知的好奇心を満たすことができず，そのポテンシャルも十分に開花させられないでいる．

　こうした現状認識のもとに，基本的なテキストの要件と体裁とを備えつつ，同時に，現代心理学の到達点，およびそれに絡むホットな論争，さらにはその可能性と豊かな未来とをやさしくかつおもしろく紹介する「心理学入門コース」を立ち上げる．この新シリーズの刊行を通して，種々の心理学の授業風景に新しい風を吹き入れることができれば幸いである．

＊基本的には「テキスト」としてのスタイルを採る．すなわち，
　各領域の理論の大枠および基本事項を精選し，章構成やその

配列にも配慮した．そして，大学・短大等のさまざまな形態の授業において広く活用しやすいものにした．また，読者自身による自習も可能となるように，用語の解説や理論の説明等に細やかな工夫を凝らした．

＊テキストブックとしての要件を備える一方で，現代心理学のフロンティア（最先端部分）を大胆かつホットに紹介することにも配慮した．また，そうした新しい動きが，これまでのどのような研究，知見の蓄積や論争等の上に生じてきたのか，その歴史的および因果的な流れが容易に把捉できる内容・構成を工夫した．

＊章末には「まとめ」を付け，巻末には「読書案内」や「参考文献」を付けた．各心理学と社会との連携がどのような形で具現されるべきかについて提言を行なう．

＊本シリーズの構成は以下の通りである．
1. 知覚と感性の心理学
2. 認知と感情の心理学
3. 教育と学習の心理学
4. 発達と加齢の心理学
5. 社会と人間関係の心理学
6. 臨床と性格の心理学
7. 脳科学と心の進化

2007年1月

著者一同

目次

編集にあたって

序 臨床と性格の心理学を学ぶ……1
- 0-1 心理学の2つの領域：基礎心理学と実践的心理学　2
- 0-2 性格心理学と臨床心理学　3
- 0-3 臨床心理学のおもな理論　5
- 0-4 臨床心理学の理論と実践　9
- 0-5 本書の構成　12

第Ⅰ部 臨床と性格の心理学　概論

1 性格心理学……13
- 1-1 性格の記述　14
- 1-2 性格の測定　17
- 1-3 性格の形成と変容　19
- 1-4 性格の生物学的基礎　22

2 異常心理学……29
- 2-1 異常心理学の対象と定義：DSMの枠組み　30
- 2-2 異常心理の発生メカニズム　32
- 2-3 異常心理学の理論　36

3 心理アセスメント……43
- 3-1 ケースフォーミュレーション　44

- 3-2 心理アセスメントの技法：5つの領域と4つの方法　45
- 3-3 面接法　46
- 3-4 質問紙法　47
- 3-5 精神症状のアセスメント技法　48
- 3-6 知的能力のアセスメント　53
- 3-7 心理アセスメントの信頼性と妥当性　56

4 心理療法 …………………………………………………………… 59
- 4-1 生物-心理-社会の統合モデルとチーム医療　60
- 4-2 心理療法の技法　61
- 4-3 心理療法の効果を客観的に測る　65
- 4-4 エビデンス（実証）にもとづく実践　69

第II部　心理的障害への応用

5 抑うつの臨床 …………………………………………………… 75
- 5-1 抑うつの症状　76
- 5-2 抑うつのアセスメント　77
- 5-3 抑うつの異常心理学　78
- 5-4 抑うつの治療　91

6 不安障害の臨床 ………………………………………………… 103
- 6-1 不安障害の症状　104
- 6-2 不安障害のアセスメント　113
- 6-3 不安障害の異常心理学　117
- 6-4 不安障害の治療　123

7 統合失調症の臨床 135
- 7-1 統合失調症の症状，病型，経過　136
- 7-2 統合失調症のアセスメント　145
- 7-3 統合失調症の異常心理学　148
- 7-4 統合失調症の治療　158

あとがき 171

読書案内──さらに学習するために 173
参考文献 179
索　引 187

図版／上村一樹

コラム

- 0-1 臨床心理学はカウンセリングではない　8
- 1-1 パーソナリティ障害(人格障害)　20
- 2-1 異常心理の素因ストレスモデル　36
- 3-1 ミネソタ多面人格目録(MMPI)　51
- 4-1 心理療法のガイドラインと認知行動療法　69
- 5-1 抑うつリアリズム　90
- 6-1 不安障害の二面性：不安障害の進化論的理解　115
- 7-1 妄想的観念チェックリスト　147
- 7-2 妄想と帰属理論　152
- 7-3 ケースフォーミュレーションの例　160

序 臨床と性格の心理学を学ぶ

　本書は，性格心理学と臨床心理学の教科書である．序章では，性格心理学と臨床心理学の概略を述べて，本書の見取り図を描いておこう．そのうえで，性格と臨床を学ぶことはどういうことかについて明らかにしていこう．

［キーワード］

基礎心理学
実践的心理学
性格心理学
臨床心理学
臨床心理実践

0-1　心理学の2つの領域：基礎心理学と実践的心理学

　心理学というと，読者のみなさんはどのようなイメージをお持ちだろうか．授業の最初に聞いてみると，心理学とは「人の心を読む」技術と思っている人や，占いとか宗教に近いものと考えている人が多いようである．しかし，心理学というのは，人の心を読んだり，心を癒したりするものではない．人間の心の働きを科学的に解明し，現実の世界で実務的な仕事をするための実践的体系なのである．

　図0-1に示すように，研究の目的や方法によって，心理学は基礎心理学と実践的心理学に分けられる．

(a) 基礎心理学

　基礎心理学は，心の働きを科学的に解明する学問である．その方法は，実験法や調査法など，客観的で数量的な自然科学的な方法が主である．基礎心理学は，人間の心を，知覚，認知，学習，発達，社会などの領域に分けて，それぞれの領域を研究する．それぞれ，知覚心理学，認知心理学，学習心理学，発達心理学，社会心理学などと呼ばれる．これらの領域は，本シリーズの他の巻で

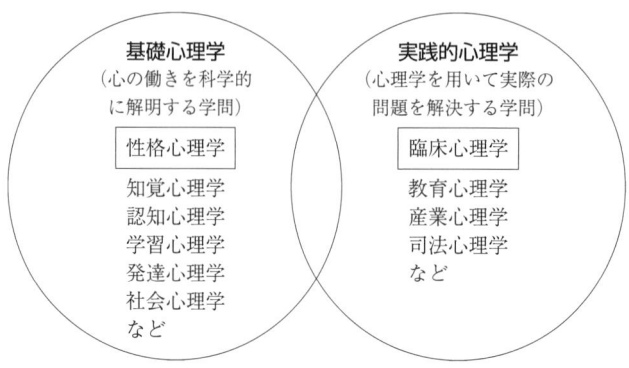

図0-1　心理学の2つの領域

詳しく解説されている．

　本書の第一のテーマは「性格心理学」である．性格心理学は，性格を記述し，測定し，その成り立ちやメカニズム，偏りなどについて科学的に研究する学問である．性格心理学は，基礎心理学に属している．

（b）実践的心理学

　実践的心理学は，基礎心理学の成果を応用して，現実の世界の中で実務的な仕事をするための実践の体系であり，そうした実践を支える学問体系のことである．応用心理学とか職業的心理学，実務心理学，職能心理学などとも呼ばれることがある．実践的心理学者は大学や大学院で専門的な教育と訓練を受け，専門家としての認定を受け，資格を取る．その後，社会に出て専門職として働くので，職業活動と直接に結びついている．

　実践的心理学は，このように職業的な実践という側面が強いが，これと同時に，実践を支える学問体系を構築していく科学的研究という側面がある．つまり，実践と科学というふたつの面がある．こうした両面をバランスよく考えていく考え方を「科学者-実践家モデル」という．

　実践的心理学には，図0-1に示すように，臨床心理学，教育心理学，産業心理学，司法心理学などが含まれる．大雑把にいうと，臨床心理学は病院で，教育心理学は学校で，産業心理学は企業で，司法心理学は司法機関での実践を支える分野である．

　本書の第二のテーマは「臨床心理学」である．臨床心理学は，実践的心理学に属する．他に，本シリーズでは，第3巻で教育心理学について解説されている．

0-2　性格心理学と臨床心理学

　本書で扱うふたつのテーマについて，それぞれの概要を説明していこう．

(a) 性格心理学とは

本書の第一のテーマは性格心理学である．

性格心理学は，性格を記述，測定し，その成り立ちやメカニズム，偏りなどについて科学的に研究する学問である．性格の記述とは，百人百様の性格をどのように表示するかということである．同様に性格の測定は，目に見えない人間の性格というものを，どのように正確に測るかについての研究である．また，性格がどのように形成されるかということも問題となる．一般的に，性格は，遺伝的に生まれつき備わっているという側面もあるし，自分の意志で変えたり形作っていったりといった側面もある．また，家庭や対人関係を通じて社会的に形作られる側面も強い．このような性格の成り立ちやメカニズムも大きなテーマである．また，性格の偏りが大きすぎると，その結果として社会的生活に支障をきたしてしまうことがある．こうした性格の偏りがどのようにして生じるのか，どのように対応したらよいかを研究することも大切である．「性格」という用語はほかに，パーソナリティ，人格，個性などと呼ばれることもある．性格心理学については，第1章で詳しく述べることにする．

(b) 臨床心理学とは

臨床心理学とは，心理学の知見を応用して，主として病院や医療機関において専門的な援助を行うための実践体系であり，そうした実践を支える学問体系のことである．臨床心理学は，心理的な問題をかかえる人に対して，心理学の原理と方法にもとづいて，解決を援助していく実践の体系である．それと同時に，臨床心理学は，そうした実践を支える学問体系を構築していく科学的研究でもある．

臨床心理士が働いている現場は主として病院である．精神科，心療内科，小児科，神経内科やリハビリテーション科などの各科において，臨床心理士が活躍している．そのため医療現場で働く臨床心理士は，「医療心理師」と呼ばれることもある．

なお，臨床心理学では，「患者」という言葉を使うが，相談を依頼した人と

いう意味で「クライエント」と呼ぶことも多い．

　臨床心理学という学問体系は，大きく，異常心理学，心理アセスメント（評価手法）論，心理療法論という3つの領域に分けられる．

　第一の異常心理学は，クライエントの心理的問題がなぜ生じたのか，その原因やメカニズムを考える実践と研究のことである．精神病理学と呼ばれることもある．

　異常心理学は，性格心理学と密接に関連している．性格心理学は，主として正常な範囲のパーソナリティ（性格）を対象とする．正常なパーソナリティを考えることによって，異常心理のメカニズムが明らかとなる．この点で，性格心理学は臨床心理学の基礎をなしている．逆に，後述のように，異常心理のメカニズムが明らかとなることによって，正常なパーソナリティの本質も見えてくる．両者は裏表の関係にある．臨床心理学は性格心理学に大きな影響を与えてきた．本書が，性格心理学と臨床心理学をまとめて扱うのは，そうした理由からである．

　第二の心理アセスメント（評価手法）論は，面接や心理検査などを用いて，クライエントの心理的問題を科学的な手法を用いて明確化し評価する実践と研究のことである．客観化することで比較や相対化できるようになる．

　第三の心理療法論は，クライエントに働きかけて，心理的に援助し，不適応からの回復をはかる実践と研究のことである．

　この他にも，地域援助や危機介入などさまざまの領域があるが，本書では，上の3つの領域に絞って述べる．

0-3　臨床心理学のおもな理論

(a) 臨床心理学の歴史

　臨床心理学の歴史を簡単にふり返ってみよう．

　図0-2に示すように，臨床心理学は「精神分析理論」から始まった．1900年頃にフロイトが精神分析理論を確立したのである．その後，1940年代には，

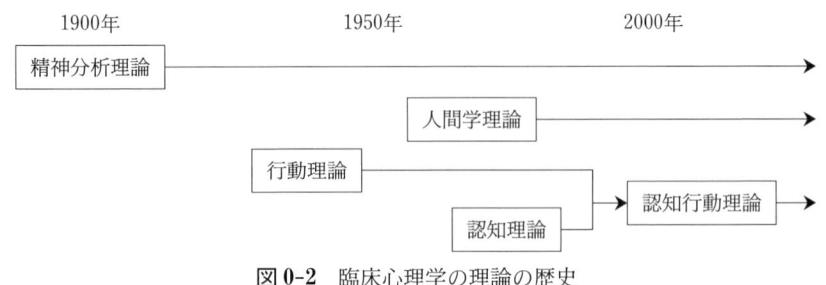

図 0-2 臨床心理学の理論の歴史

「行動理論」がさかんになった．そして，1960 年代に「人間学理論」が一世を風靡した．さらに，1980 年代には「認知理論」がさかんになった．図 0-2 に示すように，2000 年頃から，行動理論と認知理論は統合されて，「認知行動理論」と呼ばれるようになった．現代の臨床心理学の主流を占めているのは認知行動理論である．

(b) 臨床心理学の 4 大理論

精神分析理論，人間学理論，行動理論，認知理論の 4 つは臨床心理学の代表的な理論である．表 0-1 に示すように，各理論は，性格心理学と異常心理学，心理アセスメント，心理療法の 3 つの領域からなる．

各理論においては，まずふつうの人間の性格（パーソナリティ）の成り立ちについて考える．これが性格心理学である．そのうえで，異常心理がどのように発生するかを考える．これが異常心理学である．前節でも述べたが，性格心理学と異常心理学はちょうど裏表の関係にある．さらに，性格や異常心理をどのように測定するかを考える．これが心理アセスメント論である．そして，心理療法によってどのように治療すればよいのかを考える．これが心理療法論である．このように，性格心理学と異常心理学，心理アセスメント論，心理療法論は，ひと続きのストーリーをなしている．

表 0-1 に示すように，精神分析理論は，フロイト (S. Freud, 1856～1939) によって確立された．精神分析学では，ふつうの人間の性格（パーソナリティ）というものを，意識できる部分と，できない部分に分けて構造化する．後で詳し

表 0-1 臨床心理学のおもな理論

理　　論	代表的研究者	性格心理学と異常心理学	心理アセスメント	心　理　療　法
精神分析理論	フロイト	精神分析学	投　映　法	精神分析療法
人間学理論	ロジャース	自己理論	自由面接法	来談者中心療法
行動理論	アイゼンク	行動病理学	行動アセスメント	行動療法
認知理論	ベック	認知病理学	症状評価質問紙	認知療法

く述べるが，神経症という異常心理が「抑圧」によって発生することを理論化する．そして，心理療法によって「抑圧」を取り去るための精神分析療法を行う．心理アセスメントとしてはおもに「投映法」を用いる．

　精神分析療法は，20世紀には心理療法の主流であった．また，精神分析理論は，臨床心理学だけでなく，文化論，芸術論に対しても大きな影響を与えた点で歴史的な意義は大きい．しかし，行動療法や認知療法に比べて，治療効果がそれほど明らかでないことがわかり，21世紀に入ると，主流の座を明け渡した．

　また，人間学理論を代表する研究者はロジャース（C. R. Rogers, 1902～1987）である．ロジャースは，ふつうの人間の性格（パーソナリティ）というものを，「体験」と「自己概念」の動的な関係という点から現象論的に捉える．そのうえで「体験」と「自己概念」がズレた状態が不適応をもたらすことを定式化する（自己理論）．そして，両者のズレをなくすことを心理療法の目的とする．これが来談者中心療法である．心理アセスメントとしては自由面接法を用いる．一般にカウンセリングは，ロジャースの来談者中心療法を基礎としている（カウンセリングについてはコラム0-1を参照）．

　一方，行動理論を代表する研究者はアイゼンク（H. Eysenck, 1916～1997）である．行動理論では，ふつうの人間の性格（パーソナリティ）を，学習の原理によって後天的に獲得された習慣の束であると考える．習慣の獲得しやすさには個人差があり，それが性格の違いを生み出す．そのうえで，不安障害や行動障害は，誤った学習によって獲得されたものであると考える（行動病理学）．そし

コラム 0-1　臨床心理学はカウンセリングではない

　カウンセリングやカウンセラーという言葉は，広く日本社会の中に浸透している．では，本書のテーマである臨床心理学は，カウンセリングとどのような関係にあるだろうか．

　マツィリアとホールによると，臨床心理学とカウンセリングは，実際には重なる部分も多いが，歴史的・理論的な立場からみると，大きな違いがある (Marzillier & Hall, 1999)．なお，マツィリアとホールの本については巻末の読書案内も参照していただきたい．

　歴史的にみると，臨床心理学は，基礎心理学の中から生まれた．基礎心理学の研究の成果を応用して，心の異常の成り立ちを調べ，心理アセスメントと心理療法を行う．心理療法としては，行動主義心理学から生まれた行動療法や，認知心理学と関係の深い認知療法を用いる．臨床心理学の目的は，不安障害やうつ病といった心理的障害に悩む人たちへの治療や援助である．

　これに対して，カウンセリングは，学校や組織などの現場における相談活動から生まれた．カウンセリングは，学校カウンセリング，職業カウンセリング，結婚カウンセリングのように，それぞれの専門領域ごとに分かれている．カウンセリングの目的は，それぞれの領域で悩みや問題を抱えた人々に対して，その悩みや問題を解決することである．カウンセリングの対象となるのは，心理学的には健康な人である．はじめのうちは，領域間の交流は少なかったが，臨床心理学者ロジャースによる来談者中心療法が浸透することにより，心理学との交流が深まった．現在は，カウンセリング心理学という領域もできたが，この領域では，基礎心理学の成果を応用するという考え方は希薄である．

　臨床心理学は，病院という医療現場が舞台となる．これに対して，カウンセリングは，学校や職場などの非医療現場が舞台となる．したがって，対象となる人々の呼び方も異なる．臨床心理学では「患者」と呼ばれるのに対して，カウンセリングでは，「クライエント(来談者)」と呼ばれることが多い．

　養成の仕方をみると，欧米では，臨床心理士とカウンセラーの訓練システムは異なる．臨床心理士の養成は，大学院の博士課程で行われている．一般的には，大学で基礎心理学を学んだ学生が，博士課程で訓練を受けて，臨床心理士という資格を得る．博士課程の養成の質は，政府や心理学会によって厳しく管理されている．臨床心理士養成の大学院に入るためには，厳しい選抜を受けな

ければならない．医師の養成に準じるのである．これに対して，カウンセラーの養成は，それほど組織化されていない．大学院の修士課程で養成されることもあるが，1〜2年の訓練コースを修了すればカウンセラーになれる場合もある．教師や企業人や看護師が，仕事をしながら，パートタイムでカウンセリングの訓練を受けることも多い．

日本においては，臨床心理学とカウンセリングはほとんど区別されておらず，欧米のような博士課程での養成は，まだ定着していない．本格的な臨床心理士を養成する制度を日本にも定着させることが今後の課題である．

て，新たに正しい行動を学習することが心理療法であるとする．これが行動療法である．心理アセスメントとしては「行動アセスメント」を用いる．

最後の認知理論は，ベック(A. Beck, 1921〜)によって確立された．認知理論では，ふつうの人間の性格(パーソナリティ)を，いくつかの認知システムの層として捉える．そのうえで，認知内容に偏りがあると，抑うつや不安という症状をもたらすことを定式化する(認知病理学)．そして，認知の偏りを是正することを目的とした認知療法を行う．心理アセスメントとしては「症状評価質問紙」(第3章参照)を用いる．

行動理論と認知理論は臨床心理学の主流を占めるようになり，行動療法や認知療法の効果は，他の技法に比べて優れていることが明らかとなった(第4章参照)．そこで，本書では行動理論と認知理論を中心として述べることにする．

0-4　臨床心理学の理論と実践

臨床心理学を考えるにあたっては，医学をモデルにするとわかりやすいだろう．図0-3の左側に示すように，医学には，「基礎医学」と「臨床医学」と「医療実践」という区別がある．

(a) 医学における理論と実践

「基礎医学」とは，生理学，解剖学，生化学などをさす．これは，自然科学

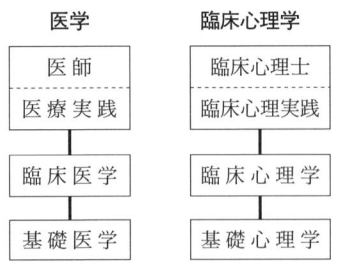

図0-3 基礎心理学・臨床心理学・臨床心理実践の関係

的な方法を用いて、人間の身体の仕組みや成り立ちを解明する学問である．現代の医療がこれほど進歩したのは、基礎医学が発展したからである．たとえば、遺伝子治療がこれほど発展したのは、分子生物学や遺伝子研究が進歩したからであり、臓器移植が可能になったのは、免疫学や生理学の研究が進歩したからである．このように、自然科学を基礎にして、医学が組み立てられたことが、医療の進歩を支えているわけである．だから、医学部の教育は、まず自然科学の基礎を身につけることから始まる．医学部の3～4年次には、基礎医学をしっかり身につける．

「臨床医学」は、基礎医学にもとづいて、体の病気のメカニズムや治療法を研究する学問である．たとえば、癌を例にとってみよう．癌とはどのような病気であり、癌がどのようにして発生するのか、癌を治療するためにはどのような治療法をとればよいのかを研究するのが臨床医学である．医学部では、5～6年次に、臨床医学をしっかり身につける．

「医療実践」は、基礎医学と臨床医学の両方を学んだ医師が、医療の現場において、病気の治療に携わることである．医学を勉強しただけでは、医師にはなれない．医療の現場では、大学で学んだことだけでは、役には立たない．現場の実習において、実際の患者を目の前にしながら、診療のスキルを身につけることが何より大切である．医師の養成においては、臨床実習や卒業後研修がとりわけ重視される．

（b）臨床心理学における理論と実践

　医学と同じことが臨床心理学についても言える．臨床心理学をもとにして，現場で実践活動を行っているのが臨床心理士である．臨床心理士の活動を支えているのが臨床心理学である．

　図0-3の右側に示すように，「基礎心理学」と「臨床心理学」と「臨床心理実践」に分けて考えてみよう．

　「基礎心理学」は，自然科学的な方法を用いて，人間の心の仕組みや成り立ちを解明する学問である．前述のように，知覚心理学，認知心理学，学習心理学，発達心理学，社会心理学などに分かれて，大きな発展をとげている．

　基礎心理学と臨床心理学は，バラバラのものではなく，密接に関連している．たとえば，性格心理学は，臨床活動にとって，きわめて有用である．つまり，性格心理学の成果を利用することにより，クライエントの性格について深く考えることができるようになる．すなわち，性格心理学を利用して，クライエントの性格の特徴を考えたり，症状と性格の関係を考えたり，パーソナリティ障害を持っている可能性はないか，このクライエントにはどのような心理学的援助や心理療法が効果があるか，などを考えることができるようになる．この他にも，知覚心理学，認知心理学，学習心理学，発達心理学，社会心理学などのそれぞれの分野は，臨床活動において有用な知見を提供してくれる．したがって，臨床心理士は，基礎心理学を十分に学んで，心の基本的なしくみを十分に理解した上で，臨床心理学を学ばなければならない．臨床心理士に基礎心理学が必要な所以である．

　一方，「臨床心理学」は，基礎心理学を応用して，心の異常のメカニズムを解明し，治療方法を研究・開発する学問である．

　「臨床心理実践」は，基礎心理学と臨床心理学の両方を学んだ臨床心理士が，医療の現場において，実践に携わることである．現場では，大学で学んだ心理学だけでは，実践の役には立たない．現場の実習において，実際のクライエントを目の前にしながら，実践のスキルを身につけることが大切である．臨床心理士の養成においても，臨床実習が重視される．

臨床心理士は，大学において基礎心理学と臨床心理学の両方をしっかり学んだうえで，現場での臨床実習においてスキルを身につけ，そのうえで実践を行わなければならない．

0-5　本書の構成

本書は，まず第Ⅰ部の概論で，基本的な理論について解説する．第1章で性格心理学について述べる．続いて，第2章〜第4章で，臨床心理学の3つの領域である異常心理学，心理アセスメント，心理療法について，それぞれ概説する．

さらに第Ⅱ部では各論として，抑うつ（第5章），不安障害（第6章），統合失調症（第7章）という3つの心理的障害の臨床をとりあげる．それぞれの障害についての異常心理学，心理アセスメント，心理療法の3領域を解説する．

第Ⅰ部 臨床と性格の心理学　概論

1 性格心理学

　ふだんの生活において，自分や他人の性格が気になったりすることがある．はたして性格は生まれつき変わらないものなのか，あるいは性格は変えられるのか，といったことが問題になることがある．こうした問題について，心理学では，これまで多くの研究がなされてきた．ここでは性格を記述し，測定し，その成り立ちやメカニズム，偏りなどについて科学的に研究する性格心理学をとり上げ解説する．

［キーワード］
▼

類型論
性格5因子論(ビッグファイブ)
投映法
質問紙法
パーソナリティ障害
性格の生物学的基礎

1-1 性格の記述

この節では,個々人の持つ性格についてどのような形で記述し,研究されているかを紹介する.

(a) 類型論

人の性格は千差万別であり,厳密にいえば,世界中にあなたと同じ性格を持つ人は誰もいない.とはいえ,性格には類似性もあるので,それによって,人の性格をいくつかのタイプに分けることができる.このように,人の個性をタイプに分類する方法を**性格の類型論**と呼ぶ.類型論は,性格というものの統合性を損なわずに人間を理解しようとするので,直観的に理解しやすい.性格の個人差をみる最も素朴な方法といえる.一般的に,心理学に関心のない人でも,それなりの性格分類をしているものである.類型論は素朴だが強力な人間観察法であり,古くはギリシア時代から,多くの類型論が出されている.類型論の中で,現代の心理学にも強い影響を与えたのは,ユングの理論やクレッチマーの理論である.

たとえば,スイスの精神科医ユングは,神経症の治療体験をもとに,性格を「内向型」と「外向型」に分けた.内向型とは,関心や興味が,自分の内面や主観に向く人であり,外向型とは,逆に,自分以外の客観的な事物や他人に関心が向く人である.たとえば,何かを決める場合,自分自身の考えに従う人は内向型であり,一方,常識とか状況,他人の意見に従う人は外向型である.

(b) 特性論

性格はひとりひとり違うので,性格を記述しようとすると,ひとつの類型論では無理が出てくる.また,内向型—外向型というようにきれいに2分できるわけではなく,多くの人は中間的な特徴を示すし,両方の特徴を多かれ少なかれ持っているものである.そこで,ひとつやふたつの視点ではなく,**性格の特

性論という考え方が現れた．たとえば，学校の成績表，企業の勤務評定，面接評価などにおいて，いくつかの観点から人を評価する場合がある．その場合にはたとえば，内向性・社交性・まじめさといった，数多くの観点(特性)から人の性格を評価する．これが特性論である．

(c) 因子論

特性論に従って人の性格を評価するときには，特性をいくつ選ぶかが問題になる．極端にいえば，あらゆる特性をリストアップすればよい．しかし，ある調査では辞書には性格を表す用語が4500もあるというから，これでは膨大すぎて実用にならない．しかし，たとえば外向性と社交性のように，似ているものをまとめて絞っていくことはできる．では，いったい，重複も漏れもなく，必要最小限の特性リストをつくるには，いくつに絞ればよいか．しかも，この作業を主観的にではなく，客観的に行うためにはどうしたらよいだろうか．

この問題を解決するのが**因子分析**という統計学的な手法である．因子分析では，たとえば質問紙の質問項目を決めるといったように，それぞれ調べたい対象の特性をいくつか決め，それぞれの特性(因子)の相関や独立性に考慮しながら解析する．この手法を使えば，客観的に，多くの特性をグループ化し，少ない因子にまとめることができる．このようにしてまとめられた特性論のことを因子論という．これまで，数多くの因子論の研究が行われた．

(d) ビッグファイブ：性格の基本となる5次元

因子論による性格の研究が進むにつれて，どの文化圏においても，共通した5つの因子が得られたという報告がなされるようになった．5つの基本次元によって性格をほぼ記述できるというわけである．これを**性格5因子論**という．以下，5つの次元(因子)について説明しよう．

第1は，**神経症傾向**(Neuroticism)の次元である．頭文字を取ってN次元と呼ばれる．これは，危機に敏感に反応するか否かの次元である．神経症傾向の高い人は，敏感であり，ストレスがあると不安や緊張などの感情的な反応をも

ちやすい．神経症傾向は，不安障害（神経症）になりやすい素質を表している．一方，神経症傾向の低い人は，危機があっても動じることなく情緒が安定しているが，極端な場合は，感情が平板であることになる．

　第2は，**外向性**(Extraversion)の次元である．E次元という．これは，人との関係などで，外界に積極的に働きかけるかどうかという次元である．外向性の高い人は，積極的であり，つねに強い刺激を求め，活動的であるが，極端になると無謀な面が現れる．一方，外向性の低い人は，内向性の人である．控えめで刺激を求めず，もの静かな生活を望むが，極端になると臆病・気後れという面が強くなる．

　第3は，**開放性**(Openness)の次元，O次元である．このO次元は，イメージや思考などが豊穣か否かの次元である．開放性の高い人は，遊び心があり，新しいものに好奇心をもって近づく．しかし，極端になると，社会から逸脱し，夢想や妄想をもったりする．一方，開放性の低い人は，堅実で地に足のついた着実な生き方をするが，極端になると，権威や伝統にしがみつかずにはいられない権威主義者になったりする．なお，この次元については，知能の個人差であると考える研究者もいる．

　第4は，**調和性**(Agreeableness)の次元である（A次元）．これは，人との関係において，まわりの人に同調しやすいか，あるいは，自主独立の道をすすむかという次元である．調和性の高い人は，共感性や思いやりをもって，人と親和的な協調関係を結ぶ．極端な場合は，人に追従して，集団の中に埋没し，自己を見失う危険をもっている．一方，調和性の低い人は，自分の独自性を押しだしていくが，極端になると，人に冷淡となり，敵意を持ったり，自閉的になるという危険をもっている．

　第5は，**勤勉性**(Conscientiousness)の次元である（C次元）．これは，はっきりとした目的や意志をもって物事をやり抜こうとするか否かの次元である．勤勉性の高い人は，意志が強く勤勉に生きようとするが，極端になると，強迫的で仕事中毒におちいりやすい．一方，勤勉性の低い人は，環境や自分をありのままに受け入れて，仕事にこだわりを持たない．これは東洋的な考え方とい

えるだろう．しかし，極端な場合には，無気力で怠惰な人と思われるだろう．

こうした5つの基本次元は**ビッグファイブ**と呼ばれるようになった．5つの次元は，頭文字をとって NEOAC と呼ばれる．

1-2　性格の測定

性格を科学的に研究するためには，まず性格を量的に測る必要がある．このためにいろいろな技法が工夫されている．第3章で詳しく述べるが，測定の方法としては，面接法と質問紙法がある．

(a) 面接法で性格をはかる：投映法

面接法は，その人と実際に会って話をしながら観察する方法である．面接法には，第3章でも述べるように，非構造化面接法，半構造化面接法，構造化面接法がある．非構造化面接法とは，質問の順序や言葉づかいは面接者の考えに任される自由な面接である．

一方，構造化面接法とは，あらかじめ質問票をつくり，それに従って，同じ言葉づかいと同じ順序で質問する方法である．

半構造化面接法とは，両者の中間に当たり，質問項目をあらかじめ決めておくが，場合によって，面接者の裁量で臨機応変の質問も許されるものである．

半構造化面接法を用いて性格をはかる方法として，**投映法**がある．これは，意味のあいまいな図版や言葉を提示して，被面接者の自由な反応を引き出す方法である．その反応を一定の方法で分析し，被面接者の環境への適応の仕方を全体的・力動的(ダイナミック)に把握できる．種類としては，ロールシャッハ・テストや TAT(絵画統覚テスト)がある．

投映法は，序章の表0-1に示したように，精神分析学の理論とともに広く使われた方法であり，以前の臨床心理学においては多く使われた．しかし，信頼性や妥当性があまり高くないことが明らかとなり，最近の欧米では，使用頻度が低下している．

表1-1 性格をはかる質問紙

略　称	名　称	発表者(発表年)
NEO-PI-R	NEO人格尺度改訂版 Revised NEO Personality Inventory	Costa & McCrae (1992)
FFPQ	5因子性格検査 Five-Factor Personality Questionnaire	辻ら(1998)
MCMI	ミロン臨床多軸目録 Millon Clinical Multiaxial Inventory	Millon (1987)
TCI	気質・性格質問紙 Temperament and Character Inventory	Cloninger et al. (1993)

表1-2 5因子性格検査(FFPQ)の質問例(辻ら,1997)

情動性(神経症傾向)
　感情を傷つけられやすい.
　よく緊張する.
　陽気になったり陰気になったり気分が変わりやすい.

外向性
　いろいろな人と知り合いになるのが楽しみである.
　にぎやかなところが好きである.
　人から注目されるとうれしい.

遊戯性(開放性)
　新しいことは,どんなことでも面白いと思う.
　空想にふけっていると,楽しい.
　感動しやすい.

愛着性(調和性)
　人には温かく友好に接している.
　気配りをするほうである.
　他人が感じていることを自分のことのように感じとることができる.

統制性(勤勉性)
　几帳面である.
　困難な課題に対しても,粘り強く取り組んでいる.
　よく考えてから行動する.

（b）質問紙法で性格をはかる

投映法にかわって多く用いられるようになっているのが**質問紙法**である．性格をはかる質問紙法の代表的なものを表1-1に示す．

前述の性格5因子論（ビッグファイブ）にもとづくものとして，FFPQや，NEO-PIなどがある．表1-2は，FFPQの項目例である．自分で当てはまるかどうかを考えてみよう．性格5因子論の理解が深まるだろう．

また，後述の進化論的性格理論にもとづいて作られた質問紙法として，MCMIやTCIなどがある．

1-3　性格の形成と変容

性格はどのように形成されるのだろうか？　性格は変えられるものなのだろうか？　それとも生涯一貫して変わらないものなのだろうか？　一般的に言って，性格は，遺伝的に生まれつき備わっているという側面もあるし，自分の意志で変えたり形作っていったりという側面もある．また，家庭や対人関係を通じて環境的に形作られる側面も強い．

人の性格は，図1-1のような層をなしていると考えることができる．

最も中心にあるのが「気質」である．これは生物学的に決められた割合が大きい部分である．生まれてまもない新生児にも，扱いやすいタイプ・扱いにくいタイプなどの気質の違いが見られる．

そのまわりにある「気性」は，幼年期に家族内の関係で作られるものである．たとえば，長子と末子のような，出生順序によって性格も異なることが知られている．

次の「習慣的性格」は，友人との生活や学校環境などによって作られる．

最も表面にあるのは「役割的性格」である．教師は学校で教師らしく，その役割によってふるまうが，家庭に帰れば，夫とか妻とか，父とか母とかといった，家庭内の役割に従って行動する．このように対人関係の中で決められている性格も大きい．

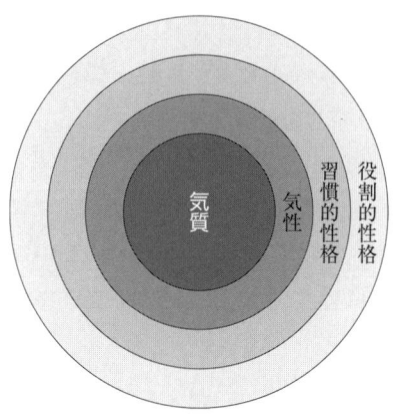

図 1-1 性格の層構造(宮城, 1998)

　図1-1で考えると，内側のものほど，先天的・遺伝的に決められた面が強く，一貫性が高く，なかなか変わらないといえる．外側のものほど，その人のおかれた社会的な状況によって決められる面が強く，一貫性は低く，変えるのは容易であるといえる．

　心理療法とは，問題となる症状を緩和するために，性格を望ましい方向に変えることであるということもできる．したがって，心理療法を行う際には，なかなか変化しない性格の部分よりは，変化しうる性格の部分に関心が持たれる．これまでの臨床心理学は，性格とはどのような場合に，どのような方向に変わるかということが問題になってきたといえる．これについては，第2章で詳しく述べる．

　一方，性格を望ましい方向に変えようとしても変わらず，悩むほどの状況になることもある．ある人の性格や行動様式が正常範囲から外れてしまう場合，**パーソナリティ障害（人格障害）**と呼ぶ（これについてはコラム1-1を参照）．

コラム 1-1 ｜ パーソナリティ障害（人格障害）

　ある人の性格や行動様式が正常範囲から外れてしまう場合，この性格の偏り

をパーソナリティ障害(人格障害)と呼ぶ．

診断基準 DSM-IV-TR(第2章参照)によると，パーソナリティ障害とは，「その人の属する文化から期待されるものから著しく偏り，広範でかつ柔軟性がなく，苦痛や障害を引きおこす内的体験および行動形式」と定義される．現在の知識では疾患とはいえず，性格の偏りとしかいえない状態である．DSM-IV-TR では，パーソナリティ障害を A～C の 3 群に分け，さらに細かく分けて 10 個の障害を考えている．

A 群は，奇妙で風変わりなパーソナリティ障害であり，次の 3 つを含む．

妄想性パーソナリティ障害 他人の動機を悪意あるものと解釈するといった，不信と疑い深さをいつも持つ．

スキゾイドパーソナリティ障害 社会的関係から遊離し孤立し，自分の感情を表現しない．

統合失調型パーソナリティ障害 親密な関係で急に不快になり，認知的または知覚的歪曲や奇妙な行動を持つ．

B 群は，演技的・感情的なパーソナリティ障害であり，次の 4 つを含む．

反社会性パーソナリティ障害 他人の権利を無視し，それを侵害する．

境界性パーソナリティ障害(ボーダーライン) 対人関係，自己像，感情が不安定であり，衝動性が著しい．

演技性パーソナリティ障害 人の注意を引こうとし，過度の情動性を持つ．

自己愛性パーソナリティ障害 自分が重要であるという誇大な感覚を持ち，人から賞賛されたいという欲求が強く，人への共感性が乏しい．

C 群は，不安や恐怖を主とするパーソナリティ障害であり，次の 3 つを含む．

回避性パーソナリティ障害 対人関係を回避し，自信がなく，人から否定的に評価されることに過敏である．

依存性パーソナリティ障害 人に面倒をみてもらいたいという過剰な欲求があり，そのために，従属的でしがみつく行動をとる．

強迫性パーソナリティ障害 秩序や完全さにとらわれて，柔軟性を欠き，効率性が犠牲にされる．

この分類は，次に述べるミロンの進化的性格理論にもとづいている．

DSM のパーソナリティ障害は 10 個もあって複雑であり，それらを統一的に理解することは難しい．これは今後の性格心理学にとっての大きな課題である．

1-4 性格の生物学的基礎

この節では，性格に関する研究の中でも生物学的なアプローチを紹介する．

（a）アイゼンクによる生物学的解釈

性格には生物学的な基盤があると考えられる．

アイゼンクは，性格を裏づける基盤として生物学，とくに神経学に注目した．彼はビッグファイブの第1の次元(神経症傾向)と第2の次元(外向性)については神経学的な基盤を考えている．パヴロフの条件づけや実験神経症の研究を参考にして，性格の次元を脳神経系の特徴から以下のように説明した．

第1の神経症傾向の次元は，自律神経系の安定性によって決まる．人間には，自律神経系がある．自律神経系は，心拍数や呼吸数を調節するなど，人間の生存に必須な不随意的活動を調節している．自律神経系は，さらに交感神経系と副交感神経系に分けられ，これらは互いに拮抗的に作用する．交感神経系は，呼吸数や心拍数を高める方向に働き，副交感神経系は，呼吸数や心拍数を低める方向に働く．アイゼンクによると，神経症傾向の強い人は，こうした自律神経系が不安定であり，興奮しやすい．逆に，神経症傾向の弱い人は，自律神経系が安定しており，興奮しにくい．このように，神経症傾向という性格の個人差は，生物学的に見ると，自律神経系の不安定性と興奮性の個人差と対応している．

第2の外向性の次元は，パヴロフのいう大脳皮質神経の興奮・制止過程の特徴によって決まる．つまり，外向性の強い人の神経系は，興奮しにくく飽きやすく，学習が進まない．これに対し，外向性の弱い人(内向性の強い人)の神経系は，興奮しやすく飽きにくく，学習がよく進むと説明される．

ビッグファイブの第3次元以下については，後の研究で次のことが明らかにされている．

第3の開放性の次元すなわち知的能力については，双生児法の研究結果など

から，遺伝的要因がある程度かかわっていることがわかっている．

　また，第4の調和性の次元についても，クレッチマーなどの研究によって，体質や体格と密接に関連することが明らかとなっており，この次元の基礎には，遺伝や内分泌などの生物学的過程があると考えられる．

　第5の勤勉性の次元については，生物学的な研究は少なく，むしろ家庭の養育や，個人の発達過程によって決まるという証拠が多いようである．

(b) ミロンの進化論的理論

　上のような生物学的な研究と並んで，動物の進化という観点から，人間の性格をとらえる理論がある．これらの理論は，パーソナリティ障害を統一的に考えるヒントを与えてくれる点で重要である．ここでは，進化論的理論の代表であるミロンとクロニンジャーの理論を紹介しよう．

　ミロンは，生物の進化の観点からみて，性格には3つの次元があるとする(Millon & Davis, 1966)．すなわち，①快楽追求と苦痛回避，②能動性と受動性，③自己と他者の3次元である．

　ミロンはこの3つの次元を生物学的なものとみなし，人間以前の生物にあった性質が進化したものであると考える．すなわち，生物は，進化の途上で，環境に適応する行動を身につけてきた．そうした基本的な行動パタンが上の3つの次元を形作っていると考えたのである．

　第1の快楽追求と苦痛回避の次元は，生物が生きる動機についての次元であり，生物にとって最も根源的な次元であるという．快楽追求は，生をより豊かなものにしようとする動機であり，苦痛回避は苦痛を逃れ生命を維持しようとする動機である．

　第2の能動性と受動性の次元は，環境への適応の仕方を表している．前者は，自発的に環境を修正していく動物的な側面を表し，後者は受け身的に環境に適応していく植物的な側面を表している．

　第3の自己と他者の次元は，繁殖の方法を表す次元である．前者は，たくさん繁殖させてその後の生き残りに注意を向けないという方式を表し，後者は，

表 1-3 ミロンのパーソナリティ分類と DSM のパーソナリティ障害 (井沢, 1996)

対人関係＼行動パターン	能　動　性	受　動　性
依存型	社交的パーソナリティ (演技性パーソナリティ障害)	協力的パーソナリティ (依存性パーソナリティ障害)
独立型	威圧的パーソナリティ (反社会性パーソナリティ障害)	自信家パーソナリティ (自己愛性パーソナリティ障害)
両価型	敏感パーソナリティ (受動攻撃性パーソナリティ障害)	尊敬的パーソナリティ (強迫性パーソナリティ障害)
分離型	抑制的パーソナリティ (回避性パーソナリティ障害)	内閉的パーソナリティ (スキゾイドパーソナリティ障害)

(　)内は, そのパーソナリティが極端になった状態, すなわちパーソナリティ障害を示す.

少数生んでその後の生き残りに注意を払うという方式を表すとする. 前者は自己志向・権力志向・自律的・男性的な性格を表し, 後者は他者志向・愛情志向・親密希求的・女性的な性格を表す.

　ミロンは, こうした次元の組合せから性格のタイプを導き出した. 第 2 の自己と他者の次元において, その人がどちらを重視するかによって, 以下の 4 つの対人関係スタイルを分けた. すなわち, 依存型(他者), 独立型(自己), 両価型(自己と他者の両方), 分離型(いずれでもない)の 4 つである. さらに, 第 3 の能動性と受動性の次元を組み合わせて, 表 1-3 に示す 8 つのパーソナリティスタイルを分けた.

　こうしたパーソナリティスタイルをはかるために, ミロンはミロン臨床多軸目録(MCMI)を作った(表 1-1 参照).

　このようなパーソナリティスタイルの特徴があまりに強すぎると, 「パーソナリティ障害」と呼ばれる状態になる. それについても, 表 1-3 に示されている. ミロンの理論は, DSM のパーソナリティ障害の診断基準(コラム 1-1 参照)に取り入れられた.

(c) クロニンジャーの生物学的気質理論

　ミロンと同じく, 性格を生物学的・進化論的なものと考えていたのがクロニ

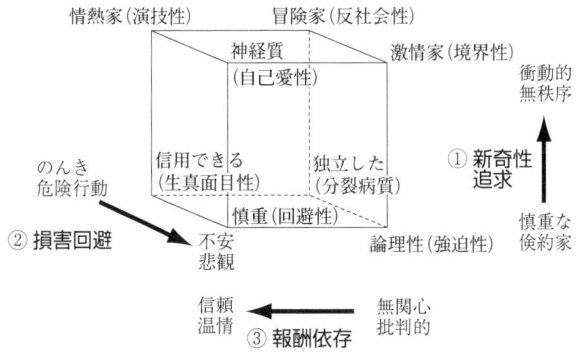

図 1-2　クロニンジャーの気質理論(木島ら, 1996)
①新奇性追求, ②損害回避, ③報酬依存の3つの気質次元の組合せで個人差を考える. 立体の各頂点の( )内に書かれているのはDSMのパーソナリティ障害の名前である.

ンジャーである. すなわち, 生物は, 進化の途上で, 環境の中の新奇刺激, 危険刺激, 報酬刺激という3つの刺激に接し, それぞれに対する適応行動を身につけてきた. そうした基本的な行動パタンこそが気質を形造ってきたという.

性格の生物学的な基盤について, 遺伝学と気質の関係を考えた. クロニンジャーらは, 気質には3つの次元があるとする(クロニンジャーら, 1993). すなわち, ①新奇性追求, ②損害回避, ③報酬依存の3次元である. そして, 3つの次元の組合せを考え, パーソナリティを図1-2のように表している.

以下, 3つの次元について図1-2を参照しながら紹介する.

① 新奇性追求とは, 行動の活性化の次元である. この特徴は, 新奇で目新しいものに興味を示し, 探索活動をよく行うことである. 図1-2に示すように, この特徴の強い人は, 衝動的・無秩序であり, 弱い人は慎重な倹約家である.

② 損害回避とは, 行動の抑制の次元である. これは, 嫌悪的な刺激に敏感で, 罰や損害を避けようとして, ひきこもりやすい傾向を示す. この特徴の強い人は, 不安が強く悲観的であるが, 弱い人はのんきで危険行動を行いやすい.

③ 報酬依存とは, 行動の維持の次元である. これは, 学習の報酬となるも

の(食べ物，アルコール，人からほめられることなど)に敏感であることを示す．図1-2に示すように，この特徴の強い人は，他者を信頼し温情的であり，弱い人は他者に無関心で批判的である．

クロニンジャーはこうした気質や性格をはかる気質・性格質問紙(TCI)を作っている(表1-1参照)．

図1-2の立方体の各頂点に示されているのは，前述の「パーソナリティ障害」の名称である(コラム1-1参照)．つまり，それぞれの気質が極端に強くなった状態をパーソナリティ障害と位置づけている．

さらに，クロニンジャーは，これらの3つの次元が，脳内の神経伝達物質(第2章参照)の働きと関連すると仮定している．すなわち，新奇性追求，損害回避，報酬依存は，それぞれドーパミン，セロトニン，ノルアドレナリンの代謝に関係するという．

〈まとめ〉

性格の記述には，類型論と特性論がある．因子分析を用いて整理された特性論のことをとくに因子論と呼ぶ．因子論は，5つの因子(ビッグファイブ)によって性格をほぼ記述できるという性格5因子論に収束してきている．

性格を測定する方法として，面接法・投映法・質問紙法がある．

性格には，なかなか変化しにくい部分と変化しやすい部分がある．これまでの臨床心理学では後者が注目されてきた．一方，変化しにくい性格の代表としてパーソナリティ障害がある．性格の変化しにくい部分には，生物学的な基盤があると考えられる．そうした生物学的な基盤を考える理論として，ミロンの理論とクロニンジャーの理論がある．ふたつとも生物学的な進化という観点から人間の性格を考える．前者のミロンの理論はDSMのパーソナリティ障害の分類の基礎となった．

〈問題〉

●性格の変わらない部分と変わりやすい部分について，自分や身近な人を例に

とって考えてみよう．
● 性格5因子論(ビッグファイブ)とはいかなるものか説明しなさい．また，表1-2を参考にして，自分の性格について，性格5因子論から考えてみよう．

第I部 臨床と性格の心理学 概論

2 異常心理学

　世の中には，人間の異常な心理に関連したいろいろな現象がある．たとえば，新聞を見るだけでも，自殺，うつ病，PTSDなど，心理的な問題をめぐる記事が顔を見せない日はない．こうした心理的な問題をかかえる人に対して，効果的な治療や援助を行うためには，まず，心理的な問題にはどのような種類があるかを確定し，記述し，定義する必要がある．そのうえで，そうした問題がなぜおこったかという心理学的メカニズムを明らかにしなければならない．このように異常な心理現象の症状を記述し，原因を考える学問領域を異常心理学という．

[キーワード]
▼

診断基準
DSM(精神疾患の診断と統計の手引)
生物-心理-社会の統合モデル
素因ストレスモデル
精神分析学
自己理論
行動病理学
認知病理学

2-1　異常心理学の対象と定義：DSM の枠組み

　まず，異常心理の定義について考えてみよう．

　具体的に異常心理の定義として一般的に用いられているのが診断基準のDSMである．**診断基準**とは，さまざまな心理的な不適応現象を体系的に分類し，客観的な定義をしたものである．有名な診断基準はふたつある．ひとつは，**DSM**(Diagnostic and Statistical Manual for Mental Disorders：精神疾患の診断と統計の手引)である．これはアメリカの精神医学会が作ったものであり，DSMの第1版は1952年に作られたが，多くの改良が加えられ，1994年に第4版のDSM-Ⅳが作られた．さらに，2000年には，第4版の表現を修正したDSM-Ⅳ-TR(TR は Text Revision の略称である)が発表された(APA, 2000)．これが最新版であり，本書はこれに準拠することにする．

　もうひとつは，ICD(International Classification of Diseases：国際疾病分類)である．これは世界保健機関(WHO)が作ったものであり，現在，第10版(ICD-10)が発表されている．

　このような診断基準が整備されたのは比較的最近になってからである．以前は，それぞれの医師や臨床心理士が，自分なりの基準で診断名をつけていた．このため，ひとりの患者に対して医師間で異なった診断がつくことが稀ではなかった．つまり，ある人がA医師に診てもらったときには「統合失調症」と診断されたのに，B医師に診てもらったときには「うつ病」と診断されるようなことがよく起こっていたのである．このような事態が起こると治療方針も統一性がなくなり患者が混乱してしまう．そこで，診断基準を臨床家間で統一していれば臨床的な情報交換がしやすくなるため，アメリカ精神医学会やWHOでは診断基準の統一を図るようになり，DSMやICDが作られた．やがてこれらは世界中で用いられるようになった．なお診断基準は，臨床家間のコミュニケーションを高めて，治療と予防に貢献するためのものである．病名のレッテルを貼ろうとするものでないことはいうまでもない．

表 2-1　診断基準 DSM-IV の臨床症候群の
カテゴリー

① 幼児期・小児期・青年期に発症する障害
② せん妄，痴呆，健忘および他の認知障害
③ 一般身体疾患による精神疾患
④ 物質関連障害
⑤ 統合失調症および他の精神病性障害
⑥ 気分障害
⑦ 不安障害
⑧ 身体表現性障害
⑨ 虚偽性障害
⑩ 解離性障害
⑪ 性障害および性同一性障害
⑫ 摂食障害
⑬ 睡眠障害
⑭ 他のどこにも分類されない衝動制御の障害
⑮ 適応障害
⑯ 臨床的関与の対象となることのある他の障害

　本書が準拠する DSM にはいろいろな特長がある．

　その第一は，多軸診断システムといって，ひとりのクライエントについて，多くの次元から総合的に診断することである．具体的には5つの次元（ここでは軸と表現する）であらわす．第1軸は臨床症候群，第2軸は人格障害(知的障害を含む)，第3軸は身体疾患，第4軸は心理的社会的ストレスの強さ，第5軸は過去1年の生活適応度である．診断が単純なラベル貼りに終わらないように，総合的な視点からひとりの人間を捉えようという意図でこの5つの軸が考えられた．

　第二の特長は，心理的な問題の全体をカバーしていることである．表2-1に示したのは第1軸の臨床症候群であるが，16のカテゴリーに分かれている．これらはさらに細分化され，小さなカテゴリーの数は全体では400近くにのぼる．

　第三の特長は，明確で操作的な基準を用いていることである．症状の数，罹

病期間などを操作的・具体的に定義している．客観的に書いてあるぶんだけ，ある臨床家の用いた診断用語が，ほぼ正確に他の臨床家にも理解されるという利点が生まれる．つまり，臨床家の共通のコミュニケーションの道具となるわけである．

DSMにはこうした多くの利点があるが，万能というわけではなく，改良の余地もあることが指摘されている．限界を知りつつ，道具としてうまく利用していくことが必要である．

表2-1に示すように，心理的障害には多くの種類があるが，日本でDSMを用いた研究によると，精神科を受診した成人の8割は，抑うつ，不安障害，統合失調症の3つの診断に収束する．そこで，本書の第Ⅱ部では，これら3つを取り上げて，解説することにする．なお，DSM-Ⅳの第2軸のパーソナリティ障害については第1章ですでに取り上げた．コラム1-1を参照してほしい．

2-2　異常心理の発生メカニズム

前節で異常心理の定義を述べたが，ではどのようにして異常心理という現象が発生するのか，この節ではそのメカニズムについて述べる．

（a）生物-心理-社会の統合モデル

異常心理が発生するメカニズムは単純なものではない．生物学的レベル，心理学的レベル，社会学的レベルなど，さまざまなレベルの原因が複合して，異

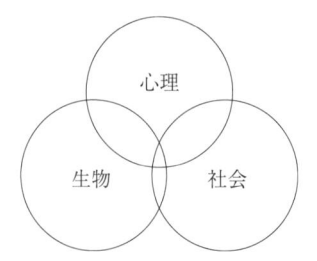

図2-1　生物-心理-社会の統合モデル

常心理が生じる．したがって，生物学・心理学・社会学といった学問領域の知見を総合して考えることが大切である．こうした考え方を具体化したのが**生物-心理-社会の統合モデル**である（図2-1）．1章で述べたように，DSMは5つの次元から記述する多軸診断システムをとっているが，これは，臨床場面において，生物-心理-社会モデルの適用をすすめるために設けられたものである．

(b) 異常心理の生物学的メカニズム

生物学的なレベルを考えると，異常心理の原因には，遺伝的要因，生理学的要因，神経学的要因などさまざまなものがある．

たとえば，うつ病や統合失調症の生物学的原因は，脳の神経伝達物質の調節障害であると考えられている．人間の脳神経は，無数の神経細胞のネットワークによってできている．その神経細胞と神経細胞がつながる接点を「シナプス」と呼ぶ．シナプスにおいては，図2-2に示すように，細胞の末端と，次の細胞の先端の間に，10万分の2ミリメートルほどのすきまがある．これを「シナプス間隙」と呼ぶ．前の細胞が興奮すると，細胞の末端から神経伝達物質がすきまに放出され，それが次の細胞のところに流れて興奮を伝える．ちょうど「渡し船」のような仕組みである．

神経伝達物質の種類には，ドーパミン，セロトニン，ノルアドレナリン，GABA（γ-アミノ酪酸）などがある．このうち，うつ病はセロトニンと関連するという仮説が有力である．つまり，セロトニンが枯渇するなどして，神経活動が過小になった状態がうつ状態であるという．うつ状態を抑える薬物は，セロトニンの活動を調節する物質である．これについては，第5章で述べる．また，不安障害は，GABAと関連しているという仮説がある（第6章参照）．さらに，統合失調症は，ドーパミンの過剰な活動と関連する．これについては，第7章で述べる．

また，人間を生物学的進化の過程からとらえる進化心理学は，異常心理の理解には欠かせない．たとえば，不安障害は，生活を妨害するという点ではネガティブな現象であるが，一方で，不安は，人間の生存において必要になるとい

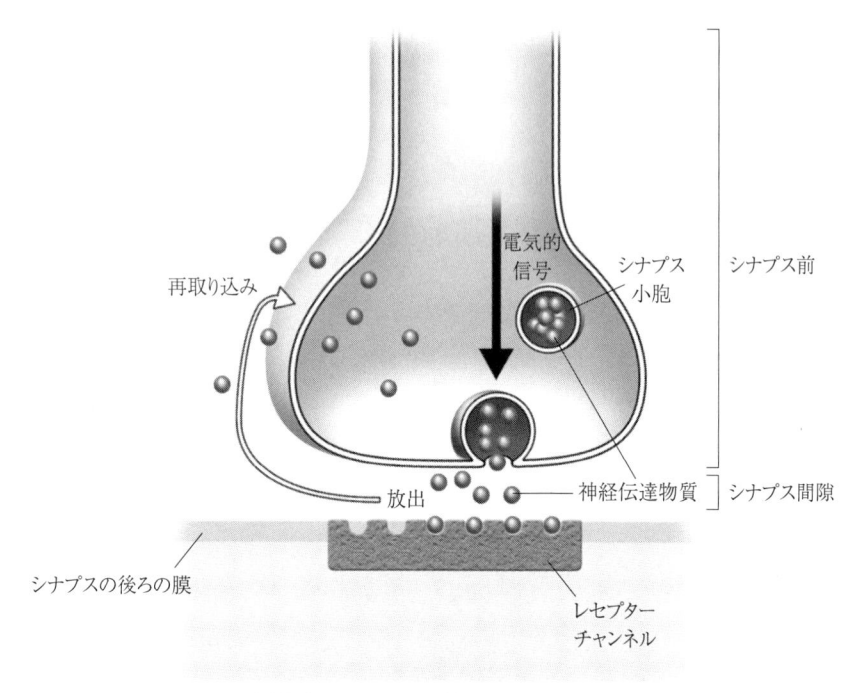

図 2-2　シナプスの情報伝達のしくみ

うポジティブな側面もある．たとえば，動物恐怖症についていうと，幼少時には動物や虫に安易に近づくことは危険である．人間の生物学的な進化を考えてみると，恐怖症は人間の生存において必要であったと考えられる．また，第6章で述べるように，パニック障害は，窒息を防ぐための呼吸維持システムがもとになっている．抑うつについても，第5章で述べるように，「抑うつリアリズム」という現象がある．これは，抑うつ的な人の方が，抑うつ的でない人より，現実を正確に認知しているという現象である．

　このように，不安や抑うつという現象には，もともと生物学的な意味があり生命維持に役立っている．不安や抑うつを持たない生物は，進化の過程で生き延びてこられなかっただろう．しかし，不安や抑うつが何らかの原因で暴走し，コントロールできなくなったのが不安障害やうつ病であると考えられる．

（c） 異常心理の社会的メカニズム

一方，異常心理の原因として，社会的な要因も重要である．対人関係や家庭生活で生じるストレスが，抑うつや不安障害のきっかけになる．このことは，次のようなストレスの研究からも明らかである．たとえば，ホームズとラーエは，43個のライフイベント（人生上の出来事）をあげて，それに遭遇した人が，イベント前の状態に復するまでに，どのくらいの時間や労力を要したかを調べた (Holmes & Rahe, 1967)．そして，便宜的に「結婚」を50点として，各ライフイベントの衝撃の大きさを数量化した．その一部を図2-3に示す．これを見るとわかるように，配偶者の死亡などのように一般に望ましくないと思われている出来事だけでなく，結婚やクリスマスなどの望ましいとされている出来事も環境の変化という点からみると，ストレスになるのである．こうした調査によると，ライフイベントによるストレス度の総和が一定値を超えると，精神障害を示しやすい．

また，第7章で述べるように，家族関係における感情的ストレスは，統合失

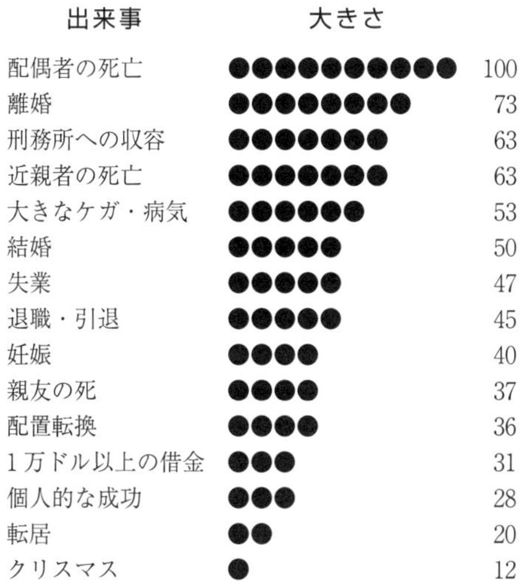

出来事	大きさ
配偶者の死亡	100
離婚	73
刑務所への収容	63
近親者の死亡	63
大きなケガ・病気	53
結婚	50
失業	47
退職・引退	45
妊娠	40
親友の死	37
配置転換	36
1万ドル以上の借金	31
個人的な成功	28
転居	20
クリスマス	12

図2-3 ライフイベントのストレス度
——ホームズとラーエの社会的再適応尺度 (Holmes & Rahe, 1967)

調症の再発に大きな影響を与える．

コラム 2-1 | 異常心理の素因ストレスモデル

　異常心理の発生には，生物学的メカニズムや社会的メカニズムが働いている．これらを統合する考え方として**素因ストレスモデル**がある．これは，一定の生物学的要因（素因）を持った人が，何らかの社会的ストレスを体験した場合に異常心理が生じるという考え方である．

　素因とストレスの関係は，表2-2のようになる．つまり，素因もストレスもともに弱い場合は，異常心理は発生しない．素因かストレスのどちらか一方が強い場合は，異常心理が発生する．しかし，この場合は持続することはない．ストレスも素因も両方強い場合は，異常心理が発生し，かつそれが持続する．

表 2-2　素因ストレスモデルからみた異常心理の発生と持続

		ストレス	
		弱い	強い
素因	弱い	発生しない	発生しても続かない
	強い	発生しても続かない	発生して長く続く

　表からわかるように，同じ弱いストレスを体験しても，素因の弱い人は異常心理が発生しないのに対して，素因の強い人は発生すると考えられる．強いストレスを体験した場合は，素因の強弱にかかわらず，異常心理が発生する．ただし，その持続は素因によって違ってくる．

　素因ストレスモデルは，多くの心理的障害の発生についてもあてはまり，原題の異常心理学の基本的な枠組みとなっている．

2-3　異常心理学の理論

　異常心理の発生メカニズムを心理学的に説明しようとする理論が提出されている．おもな理論は，精神分析学，自己理論，行動病理学，認知病理学である．

これらは，序章の図0-2に示した臨床心理学の歴史とかかわっている．以下，歴史的な順にそって簡単に説明する．

（a）精神分析学

異常心理学の理論の中で，最も早く確立されたのはフロイトの**精神分析学**である．

フロイトは，人の心を，意識下の部分（エス）と意識できる部分（自我）に分けた．意識下にあるエスは，露骨な性的欲求や破壊欲求など，本能的エネルギーのるつぼである．エスの欲求は，満足を求め，意識下から意識上に上ろうとする．自我に受け入れられた欲求は外に表現されるのに対し，自我に認められない欲求は意識下へと押し戻される．これを「抑圧」という．自我は，外界とエスを折り合わせる調整役である．この調整に失敗すると，自我は強い不安にさらされる．これが神経症の症状として現れる．このように，フロイトは，神経症の症状を，抑圧された意識下の欲望の現れであると考える．とすれば，抑圧を取り去れば症状は消えるはずである．このためにフロイトが考案したのが精神分析療法である（第4章参照）．

こうした精神分析学の理論は，臨床の事例の報告から引きだされたものであり，科学的に十分に検証されたというわけではない．

（b）自己理論：ロジャースの人間学理論からみた異常心理学

ロジャースは，個人の体験的世界に即して，現象的に不適応ということをとらえようとした．これが**自己理論**である．それによると，自己概念が硬直化し自分自身の体験をうまく捉えきれないために心理的な不適応をもたらすという(Rogers, 1951)．

このことをロジャースは図2-4のように説明する．

まず，時々刻々と変化する感覚や感情など，その人の「体験」全体を，点線の丸で表すことにする．「体験」は，いきいきと流動的であり，われわれは，「体験」を概念的・意識的に捉えようとする．これを「自己概念」と呼び，実

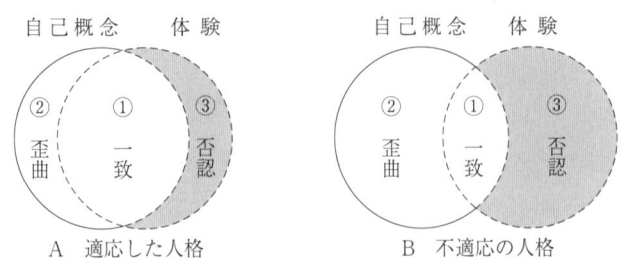

図 2-4　ロジャースの自己理論(Rogers, 1951)

線の丸で示すことにする．われわれは，「自己概念」を柔軟に動かしながら，流動する「体験」をターゲットとして，つねに照準を合わせようとする．これがうまくいけば，「体験」を自己と同化し意識化できる．「自己概念」とは，自分はこうである，こうしたい，こうあるべきだといった，自分に対する意識的な捉え方・考えを示す．

この図において，自己概念と体験が「一致」する①の領域は，自己概念が，自分の体験をうまくとらえて，同化している領域である．①の領域が大きいAのような人は，自分の体験をうまくとらえて意識化しており，適応的な人といえる．自己概念は，本来，柔軟性を持っているが，固定化すると，体験の領域からズレてしまい，Bの状態となる．

Bの状態は，①が小さく②と③の領域が大きい．②は「歪曲」の領域で，自分が心から感じてはいないのに，そうだと思い込んでいる領域である．③は「否認」の領域で，自分が本当に感じていることなのに，それが自己概念と合わないので，無視されて，ありのままには受け入れられない領域である．Bの状態では，自己概念が，自分の体験を捉えきっていない．たとえば，「自分には他人への妬みなどはない」という自己概念を持つ人が，実際に妬み感情を感じたとする．Aの状態であれば，「自分の中には，認めたくはないが，妬みの感情がある」というふうに，自己概念を変えることによって，自分の感情を受け入れられる．しかし，Bの状態だと，自己概念を変えることができず，かえって「妬みの感情は許せない」というふうに，自分の感情を無視した歪んだ自己概念を作ってしまう(歪曲)．だから，その自己概念と矛盾する妬み感情があ

っても、意識にはのぼらない(否認)．Bの状態では、「自分で自分が何を求めているかわからない」「自分では何も決められない」「理想の自己と現実の自己のズレが大きい」と感じられる．まわりの人からの期待や，理想とする自己概念にこだわり，自分の本当の体験に対しては，嫌悪したり，目をふさいで拒否したりする．また，多くの体験や感情は，自己概念と矛盾するので，自己を脅かす．しかし，それをどのように捉えたらいいのかわからないので，混乱しやすく，緊張した不安な生活を送らざるをえない．ロジャースによれば，このような，「自己概念と体験の不一致状態」こそ，不適応の状態であるという．つまり，不適応は，自分の本当の体験や感情を認知する仕方の歪み，つまり自己認知の歪みによる．

したがって，不適応から回復するためには，図2-4のBからAに戻せばよい．つまり，自己概念の柔軟性をとりもどし，自分の体験や感情を，否認したり歪曲したりすることなく，ありのままに受容するようにすればよいわけである．これが，ロジャースの提唱する来談者中心療法(第4章参照)である．

自己理論も，精神分析学と同じく，臨床の事例の報告から引きだされたものであり，科学的に十分に検証されたわけではない．

(c) 行動病理学

行動理論は，行動主義心理学から生まれた．これは，20世紀初頭のパヴロフの古典的条件づけ理論やスキナーのオペラント条件づけの理論にさかのぼる学問である．

行動理論では，人間の性格とか自己というものは，学習の原理に従って，後天的に獲得された習慣の束であると考える．この意味で学習理論とも呼ばれる．行動主義心理学は，人間行動の「変化」というものを科学的に予測した初めての理論である．行動主義心理学によって，心理学は科学として独立することができたといえる．

1940年代には，条件づけの理論を用いて，不安障害や行動障害を説明しようとする**行動病理学**がさかんになった．それによると，不適応的な行動は，古

典的条件づけやオペラント条件づけなどの原理にもとづいて，誤って学習される．これを裏付ける多くの研究が行われ，科学的な証拠(エビデンス)が蓄積した．行動病理学は，恐怖症や強迫性障害などの不安障害を理論化するのに大いに成功した．これについては，第6章で詳しく述べる．

そこで，条件づけの原理に従って，不安障害の症状を消去したり，適応的な行動習慣を再学習しようとする「行動療法」が生まれた(第4章参照)．

(d) 認知病理学

1970年代には，コンピュータをモデルとして人間の認知を考える認知心理学が盛んになった．このころから，心理学の主流は，行動理論から認知理論へと移った．この方法論を用いて，うつ病・不安障害・統合失調症などの異常心理における認知特性をさぐる認知心理学研究がさかんに行われるようになった．そうした成果を抑うつ研究に取り入れたのがベックの**認知病理学**である．

ベックによると，抑うつ的な人は，自分の失敗を過大解釈し，自分の長所を過小評価したり，少しでもミスがあれば完全な失敗と考えるなど，独特の認知の歪みを持つ．認知病理学とは，抑うつの発生や維持において，自動思考・推論の誤り・抑うつ的スキーマといった認知の歪みを重視する理論である．これについては，第5章で詳しく述べる．認知病理学は，臨床経験の中から生まれたものであるが，ベックは，スキーマ理論などの認知心理学にもとづいた理論化を行った．したがって，認知病理学は，認知心理学の申し子であり，科学的な証拠(エビデンス)を蓄積している．こうした認知病理学にもとづいて提案されたのが「認知療法」である(第4章参照)．

認知病理学は，もともとは，うつ病を説明する理論だったが，1990年代には，不安障害や統合失調症の症状(妄想や幻覚など)にも適用された．これらについては，第6章と第7章で詳しく述べる．他にも，摂食障害やアルコール依存などに適用されている．

行動病理学と認知病理学は，心理学から生まれたものであり，科学的な実証に裏づけられている点で優れている．このため臨床心理学の中で主流の座を占

めるようになった．

◇まとめ◇

　異常な心理現象の症状を記述し，原因を考える学問領域を異常心理学という．診断基準とは，異常な心理現象を分類し，客観的な定義を加えたものである．その代表的なものにDSMがある．異常心理は，生物学的レベル，心理学的レベル，社会学的レベルなど，さまざまなレベルの原因が複合して生じる．したがって，これらの学問領域の知見を総合して考えることが大切であり，これを生物-心理-社会の統合モデルという．

　異常心理の心理学的な発生メカニズムについては，さまざまな見方がある．人間の無意識の世界を重視する精神分析学によると，不適応は，無意識の欲望を過度に抑圧するために生じる．ロジャースの自己理論によると，自己概念が硬直化し自分自身の体験をうまく捉えきれないために心理的な不適応をもたらす．

　学習理論にもとづく行動病理学では，不適応行動は，誤って学習されるために生じると考える．認知心理学にもとづく認知理論においては，出来事に対する認知の歪みが不適応をもたらすとする．このように異常心理の発生メカニズムを探ることによって，効果的な心理療法の方法を考えることができる．

◇問題◇

- 診断基準DSM-Ⅳを用いることの利点と限界について考えてみよう．また，DSM-Ⅳの多軸診断システムについて具体的に説明してみよう．
- 本章で述べた4つの異常心理学理論(精神分析学，自己理論，行動病理学，認知病理学)が，それぞれ心理療法の基礎となっていることを，第4章の記述を参照しながら確かめてみよう．

第I部 臨床と性格の心理学 概論

3 心理アセスメント

　心理療法を行うためには，まず，クライエント(患者)の心理的問題を明確化する必要がある．そうした評価(診断)にもとづいて心理療法が行われる．また，治療がうまくいっているかをつねにチェックしなければならない．そのための理論と技法が心理アセスメントである．この章では，クライエントの心理的問題を明確化するケースフォーミュレーションについて述べる．次に，精神症状と知的能力について，心理アセスメントの代表的な技法(面接法や質問紙法)を解説する．

［キーワード］
▼
ケースフォーミュレーション
面接法
構造化面接法
質問紙法
診断面接基準
症状評価尺度
症状評価質問紙
知能検査
信頼性
妥当性

3-1 ケースフォーミュレーション

ケースフォーミュレーション(事例の定式化)とは，クライエントの情報を集め，病理がなぜおこっているのかを考え，それにもとづいて治療の方針を立てることである．これにはいろいろなやり方があるが，一般的には，図3-1に示すような段階を踏んで行う．

第1段階は，受理面接と問題のリストアップである．新しいクライエントを担当した時に，クライエントの症状や生活史，現病歴を詳しく把握する．そこでどのようなことが問題になっているかをリストアップする．

第2段階は，領域ごとのアセスメントである．そのクライエントについて，いくつかの側面に分けて，心理アセスメントの技法を駆使して，情報を集めていく．そのためにはどのような領域を考えればよいだろうか．これを考える時に役に立つのは診断基準DSMの5つの軸である．ひとりのクライエントについて，総合的に把握するために，DSMの5つの次元で考えることは有用である(第2章および図3-1参照)．

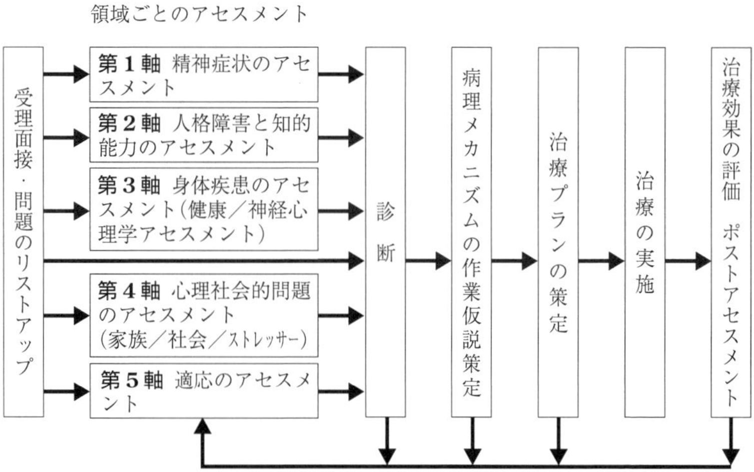

図3-1　ケースフォーミュレーションの手順

第3段階は，診断である．ケースフォーミュレーションの結果が，医療チームの中で共有されるためには，医学的な「診断」がとくに大切になる．これは，主として，DSMの第1軸(臨床症候群，表2-1参照)やICDに沿った精神医学的診断のことである．

　第4段階は，病理メカニズムの作業仮説を立てる段階である．領域ごとのアセスメント結果をもとにして，それらをひとつの枠組みに統合する．ここで必要なのは，第2章で述べた「異常心理学」の理論である．

　第5段階は，治療プランの策定である．病理メカニズムの作業仮説に従って，何を治療目標とするかを決める．どの指標を治療のターゲットとするかを決め，治療方法を具体的にし，治療を妨害するものは何かについても特定しておく．こうした治療プランにもとづいて，治療を実施する．

　第6段階は，治療効果のアセスメントである．ポストアセスメントとも呼ばれる．今行われている治療が，どれだけ効果があるかについて，心理面での評価を行うのである．心理療法にせよ，医学的治療(たとえば薬物療法)にせよ，その改善は心理面に現れることが多いので，これを調べることが臨床心理学の課題となる．治療効果をきちんと調べて，効果があればその治療法を続け，効果が少ない場合は，治療計画を考え直さなくてはならない．

　治療効果を調べる場合，単に「かなりよくなった．あまりよくならない」といった質的・主観的な表現にとどまらず，どのくらいよくなったのかを量的・客観的に示すことが望ましい．治療効果を量的に示すことができれば，医療チームが治療の経過を共有して把握しやすいし，クライエント本人や家族に対して説明をしやすい．治療効果を量的に示すためには，次に述べる構造化面接法や質問紙法を用いる必要がある．

3-2　心理アセスメントの技法：5つの領域と4つの方法

　心理アセスメントの技法にはいろいろなものがある．それらを領域と方法という2つの観点から分類してみると，図3-2のようになる．

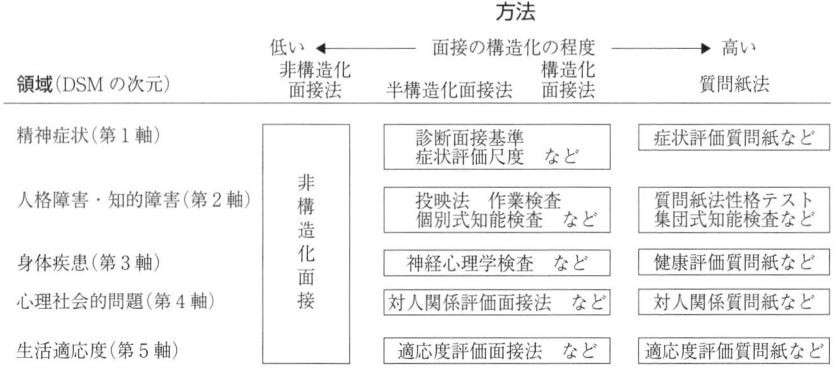

領域(DSMの次元)	方法 低い ← 面接の構造化の程度 → 高い			
	非構造化面接法	半構造化面接法	構造化面接法	質問紙法
精神症状(第1軸)	非構造化面接	診断面接基準 症状評価尺度　など		症状評価質問紙　など
人格障害・知的障害(第2軸)		投映法　作業検査 個別式知能検査　など		質問紙法性格テスト 集団式知能検査など
身体疾患(第3軸)		神経心理学検査　など		健康評価質問紙など
心理社会的問題(第4軸)		対人関係評価面接法　など		対人関係質問紙など
生活適応度(第5軸)		適応度評価面接法　など		適応度評価質問紙など

図 3-2 心理アセスメントの分類

領域としては，前述のように，DSMの5軸にもとづいて分類できる(図3-1を参照)．

一方，方法としては，面接の構造化の程度という観点から，**面接法**(非構造化面接法・半構造化面接法・構造化面接法)と**質問紙法**に分けられる．面接の構造化とは，面接の方法が前もって決められている度合いを示す．図の左側のものほど構造化の程度が低く，右側のものほど構造化の程度が高い．それぞれの方法については，次節以降で述べる．

このようにアセスメント技法はたくさんの種類があるが，それぞれの技法には，効用と限界がある．非構造化面接法・半構造化面接法は自由な方法であり，治療における仮説を形成することに向いている．これに対し，構造化面接法や質問紙法は，定量化することに優れており，治療効果を客観的に調べることに向いている．各方法にはそれぞれ一長一短がある．各技法の長所と短所をふまえ，目的や場合によって両方を使い分ける必要がある．

3-3 面 接 法

面接法は，その人と実際に会って話をしながら観察する方法であり，最も基本的な方法である．非構造化面接法・半構造化面接法・構造化面接法に分けら

れる.

非構造化面接法とは，入学試験や就職試験の面接のような自由な面接のことであり，質問の順序や言葉づかいは面接者の自由に任される．心理療法などの臨床場面で性格を知るときには，おもにこの方法が用いられる．

図3-2に示すように，非構造化面接法は，個々の領域ごとに分けて作られているわけではない．非構造化面接法を用いたアセスメントは，査定的面接法，診断的面接法，自由観察法などと呼ばれることもある．

こうした面接法では，面接者の主観が結果を左右してしまうので，結果が客観的なものではないという批判が出てくる．そこで登場したのが，次の構造化面接法である．

構造化面接法は，あらかじめ質問票を作り，それにしたがって，同じ言葉づかいと同じ順序で質問する方法である．構造化面接法は，面接者の主観の入る余地が少なく，誰に対してもいつも同じ聞き方をするので，結果が信頼できる．面接者は，質問票に忠実な聞き方が要求される．被面接者の応答をできるだけ制限して，確実な情報だけに限る．

また，**半構造化面接法**とは，質問項目をあらかじめ決めておくが，場合によって，面接者の裁量で臨機応変の質問も許される．また，被面接者の応答は制限されるが，比較的自由に答えてもらうこともある．つまり，非構造化面接法の発見的機能と，構造化面接法の客観性とを両方生かそうとするわけである．こうした利点を生かし，研究の仮説形成階において，半構造化面接法を用いることは非常に生産的である．

3-4　質問紙法

構造化面接法の客観性を高めていくと，面接者が介在しないで，被面接者が，質問票を読んで自分で直接答えたほうが，客観性は高くなる．そこで現れたのが**質問紙法**である．質問紙法は，あらかじめ用意した質問項目を渡し，被面接者自身が自己評価する方法である．

質問に対して自由に記述してもらう方法のほかに，リッカート式質問紙がある．これは，具体的な質問文に対して，「よくあてはまる」「少し当てはまる」「あまりあてはまらない」などの項目で答える方法である．リッカート式質問紙は，信頼性が高いため，臨床心理学の質問紙法では多用される．

　一般的にいうと，質問紙法は，信頼性が高く，所要時間が比較的短い点などが長所である．しかし，診断基準に準拠しないものが多い点，被面接者が自己評価するため，質問の意図が見抜かれやすいという欠点があるとされる．

3-5　精神症状のアセスメント技法

　図3-2に示すように，構造化面接法や半構造化面接法と質問紙法は，領域ごとに分化し，いろいろな技法が作られている．構造化面接法と半構造化面接は区別されないことも多い．

　性格の測定については，第2章で述べたとおりである．以下では精神症状と知的能力のアセスメントについて述べる．

　精神症状（DSMの第1軸）のアセスメント技法には，**診断面接基準**と**症状評価尺度**と**症状評価質問紙**の3つがある．これらは，第Ⅱ部で述べるうつ病や不安障害や統合失調症のアセスメントのために必要なので，ここで解説しておこう．これら3つの技法の特徴を表3-1に示す．

(a) 診断面接基準

　診断面接基準とは，精神疾患の診断を行うために作られた構造化面接法のマニュアルのことである．表3-2に示すように，おもな診断面接基準としては，PSE, SADS, SCID, DISがある．

　このうちSCID(DSM-Ⅲのための構造化臨床面接法)について説明しよう．これは，その名のとおり，DSMに準拠して作られた構造化面接法のマニュアルである．例として，抑うつをはかる項目例を表3-3に示す．

　面接者は，表3-3に示されるような「質問文」にしたがって質問をする．被

表3-1 精神症状のアセスメント技法の特徴

	診断面接基準	症状評価尺度	症状評価質問紙
代表例			
包括的なもの	PSE, SCID	BPRS, CPRS	MMPI, GHQ
個別的なもの			
抑うつの査定	—	HRS-D	BDI
不安の査定	—	HAS	STAI
統合失調症の査定	—	PANSS	BAVQ
診断基準準拠	診断基準に準拠	準拠する場合もある	準拠しないものが多い
実施法	構造化面接法または半構造化面接法	構造化面接法または半構造化面接法	質問紙法
質問文	具体的な質問文	具体的な質問文	具体的な質問文
評定者	面接者が他者評定	面接者が他者評定	被面接者が自己評定
評定法	評定尺度上に評定	評定尺度上に評定	評定尺度上に評定
結果の表示	精神医学的診断として表示	症状尺度上に表示	症状プロフィルや症状尺度上に表示
目的	診断の確定，精神症状の特定	精神症状の特定	精神症状の特定，診断の補助
面接者の訓練	専門的訓練が必要	必要な場合が多い	とくに必要なし
実施時間	実施に時間がかかる	比較的短時間	比較的短時間

表3-2 おもな診断面接基準

略称	名称	発表者(発表年)	症状定義
PSE	現在症診察表 Present State Examination	Wing et al.(1974)	ICD
SADS	感情病および統合失調症用面接基準 Schedule for Affective Disorders and Schizophrenia	Spitzer & Endicott (1978)	DSM
SCID	DSM-Ⅲのための構造化臨床面接法 Structured Clinical Interview for DSM-Ⅲ	Spitzer et al.(1990)	DSM
DIS	診断面接基準 Diagnostic Interview Scherdule	Robins et al.(1981)	DSM

表 3-3　SCID(DSM のための構造化臨床面接法)の項目の例

抑うつ気分
質問文　この1カ月の間に，1日の大半を憂うつに感じたり，
　　　　落ち込んでいたりすることが，毎日のように続いた時期がありましたか？
　　　　(それはどんなふうでしたか)
　　　　それは2週間続きましたか？
評定尺度　?　情報不確実
　　　　　1　症状なし
　　　　　2　症状はあるがわずか
　　　　　3　症状あり

面接者の答えにもとづいて，面接者が評定尺度の4つの選択肢の中から判断する(他者評定法)．こうした判断をするためには，臨床の専門的訓練が必要である．SCIDには，このような項目が多く並んでおり，それらを聞いていくと，精神医学的な診断に至るようになっている．

第Ⅱ部で述べるうつ病や不安障害や統合失調症のアセスメントのためには，こうした診断面接基準を用いることがある．

表3-1にその特徴が示されているが，診断面接基準の目的は，精神症状の特定と診断の確定であり，それ以外の情報は得られない．診断面接基準の目標は，誰が面接しても同じ診断に行き着くこと(高い信頼性)であり，そのために，客観的な診断基準にもとづいて，客観的な面接方法を用いるのである．そのかわり，実施には時間がかかる．

診断面接基準は，臨床心理学の初心者にとっては，面接の訓練にも役立つ．また，診断面接基準は，臨床心理学の研究を行なう際の手段としても大いに役立つ．

(b) 症状評価尺度

症状評価尺度は，面接を行って症状の重症度などを尺度上に評定する方法である．

症状評価尺度は，表3-1に示すように，その特徴は診断面接基準とだいたい同じである．ただ診断面接基準が多くの症状について漏れなく調べようとするのに対し，症状評価尺度は特定の症状だけに的をしぼって調べるため，実施時間は比較的短い．また，客観的な診断基準(たとえばDSMなど)に準拠しているものもあるが，していないものもある．

症状評価尺度は，包括的なものと個別的なものに分かれる．

前者の「包括的な症状評価尺度」とは，多くの症状について一度に包括的に評価するものである．表3-4に示すように，おもな包括的症状評価尺度としては，BPRSやCPRSがある．第Ⅱ部で述べるうつ病や不安障害，統合失調症のアセスメントのためには，こうした包括的症状評価尺度を用いることがある．

一方，後者の「個別的な症状評価尺度」とは，抑うつや不安障害などの個別の症状を細かく評価するものである．それぞれについては，第5章〜第7章で詳しく述べることにする．

表3-4　おもな包括的症状評価尺度

略称	名　称	発表者(発表年)
BPRS	簡易精神医学的評価尺度 Brief Psychiatric Rating Scale	Overall & Gorham (1962)
CPRS	包括的精神病理学評価尺度 Comprehensive Psychopathological Rating Scale	Asberg et al.(1978)

コラム 3-1　ミネソタ多面人格目録(MMPI)

アメリカの心理学者が用いる症状評価質問紙の中で最も使用頻度が高いのがMMPIである．たとえば「お金と仕事のことでくよくよする」といった550個の質問に，「そう・ちがう・どちらでもない」のどれかで答える．テストの結果は，図3-3のように，「臨床尺度」と「妥当性尺度」によって表される．

臨床尺度とは症状の度合いを測るための尺度である．この尺度には，うつ病

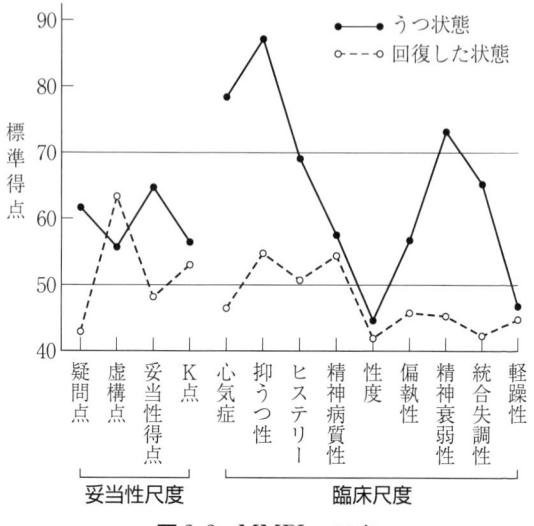

図 3-3　MMPIの尺度

の症状をはかる D 尺度，神経症の症状をはかる Hs (心気症) 尺度，Hy (ヒステリー) 尺度，Pt (精神衰弱) 尺度などの不安に関係した種々の症状に対する尺度が含まれている．

　こうした臨床尺度の作成は実際の患者への質問によって作成された．ハサウェイらは，面接記録や他のテストを参考にして 1000 個以上の質問項目を集め，それを，多数の一般成人と多数の精神科の患者に答えてもらった (Hathaway & McKinley, 1943)．そして，まず，心気症のクライエントと健常者の間で差が出る 33 個の質問群を選んだ．次に，うつ病と健常者で差が出た 60 個を選んだ．さらに次にヒステリーというように，各診断群ごとに，健常者と差が出る質問項目群を選んでいった．MMPI は，こうして選ばれた質問群を集めて作成した．臨床尺度の得点は，これら精神科のクライエント群との類似度を表す．

　図 3-3 に示したクライエントのように，うつ状態の場合は，抑うつ性の尺度が最も高くなる．なお，正常範囲は 70 以下である．ところで，このクライエントは，うつ状態では無言で苦しそうだったが，治療して 1 カ月後，見違えるように明るい顔になった．治療経過を知るために再テストを行うと，図のように，どの尺度も 50 前後に下った．

　次に，妥当性尺度は，テストを受ける態度をチェックするように工夫された

ものである．疑問点は，回答を避けてごまかす態度，虚構点は，意図的に自分を良く見せようとする態度を示す．妥当性得点は，自分を悪く見せる態度や，質問の意味の理解不足を示し，K点は，無意識に自分を良く見せる態度を表す．これらの尺度があるので，MMPIは高く評価されている．1989年に改訂版のMMPI-2が作られた．

（c）症状評価質問紙

「症状評価質問紙」は，質問紙を用いて精神症状を評価する方法である．症状評価質問紙は，包括的なものと個別的なものがある．

前者の「包括的な症状評価質問紙」とは，多くの症状について一度に包括的に評価するものである．表3-5に示すように，おもなものとして，MMPI，GHQ，SCL-90がある．第Ⅱ部で述べるアセスメントにおいては，包括的症状評価質問紙を用いることがある．

一方，後者の「個別的な症状評価質問紙」とは，抑うつや不安障害などの個別の症状だけについての質問紙である．それぞれについては，第Ⅱ部で述べることにする．

表3-5 おもな包括的症状評価質問紙

略称 M	名 称	発表者（発表年）
MPI	ミネソタ多面人格目録 Minnesota Multiphasic Personalty Inventory	Hathaway & McKinley (1943)
GHQ	精神健康調査票 General Health Questionnaire	Goldberg (1972)
SCL-90	90項目症状チェックリスト Symptom Checklist-90	Derogatis *et al.* (1973)

3-6 知的能力のアセスメント

知的能力を測る**知能検査**にはいろいろなものがあるが，大きく面接法を用い

るものと質問紙法を用いるものがある．

（a）面接法で知的能力をはかる：個別式知能検査

　半構造化面接法ないし構造化面接法を用いて知的能力をはかる方法として，個別式知能検査がある．個別式とは，面接者と被面接者が1対1で個別に実施するものであり，質問紙法を用いる集団式知能検査と対比される．個別式知能検査の代表的なものとして，ビネー式とウェクスラー式がある．

　ビネー式知能検査では，表3-6に示すように，年齢別に問題がならんでいる．これらの問題は，その年齢の子どもの多くが解けるものを選んである．その子が何歳レベルの問題まで解けたかを調べ，これを「精神年齢」と呼ぶ．その子の実際の年齢(生活年齢と呼ぶ)と精神年齢をくらべれば，発達の進み具合がわかることになる．そこで，(精神年齢/生活年齢)×100を計算し，この値を「知能指数」あるいは IQ(Intelligence Quotient)とする．なお，この IQ 計算法を，とくに「比率 IQ」と呼ぶ．

　比率 IQ は，もともとは知能発達の相対的な早さの度合を表すものである．たとえば，生活年齢5歳の子どもが5歳レベルの問題までできたとすると，精神年齢は5歳であるから，$IQ \times \left(\frac{5}{5}\right) \times 100 = 100$ である．これはこの子の知能発達が5歳児として平均的であることを意味している．また生活年齢5歳の子が6歳レベルの問題までできたとすると，$IQ = \left(\frac{6}{5}\right) \times 100 = 120$ であり，この子は平均より発達が早い早熟型の子であることを示す．

　一方のウェクスラー式知能検査には，幼児用・子供用・成人用があるが，こ

表3-6　ビネー式知能検査の問題例

5歳	①2つの箱の重さを比べる　②正方形を写しとる ③10音節の文章を反復する　④1円硬貨4枚を数える ⑤長方形を2つに切った三角形で長方形を組み立てる
6歳	①午前と午後を区別する　②2つの絵を美的に比較する ③身近な物体を用途で定義する　④ひし形を写しとる ⑤1円硬貨13枚を数える

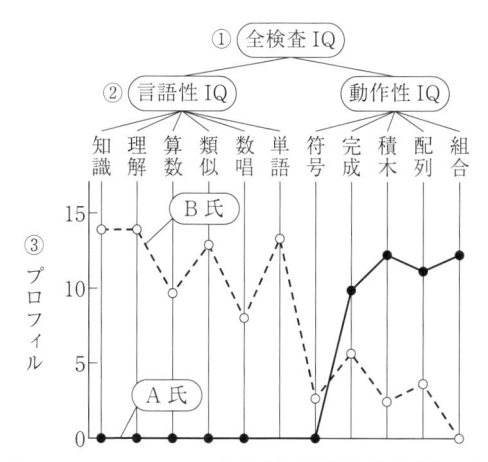

図3-4 ウェクスラー式成人知能検査(WAIS)の例
A氏：言語性IQ＝算出不能，動作性IQ＝124.
B氏：言語性IQ＝117，動作性IQ＝79.

こでは成人用のWAIS(Wechsler Adult Intelligence Scale)を例にとって示す．

WAISは，図3-4に示すように，大きく言語性テストと動作性テストにわかれ，全部で11種の下位テストからなる．検査の結果は以下の3段階で評価される．

① テスト全体の合計点から「全検査IQ」が求められる．

② 言語性テストの合計点から「言語性IQ」が求められ，動作性テストから「動作性IQ」が求められる．以上の3種のIQは，後述する偏差IQ方式にもとづく．

③ 各下位テストの結果は，図3-4のようなグラフで表示される．それぞれの結果が，平均10，標準偏差3の偏差値の一種に変換されているので，平等に比較できる．

このようにウェクスラー式知能検査は，知的能力のいろいろな側面を幅広く見ることができる．

（b）質問紙法で知的能力をはかる：集団式知能検査

質問紙法で知的能力をはかる方法として，**集団式知能検査**がある．学校や企

業など，一斉に多くの被検査者に行われるものである．

集団式知能検査では，偏差IQ方式をとる．これは，知能を偏差値の一種として表す方法である．

前述のビネー式知能検査では，比率IQ方式をとっていた．しかし，比率IQは，知能の発達の程度を表す指標であって，知的能力の高低を直接表す指標ではない．ビネー式知能検査では，子供の頃のIQは大人になっても変わらないという「IQの恒常性」が仮定されている．しかし，実際には，IQは恒常というわけではなく，かなり変化する．早熟型の子もいれば，大器晩成の子もいるのである．このような批判から，知的能力そのものを測定する偏差IQという考え方が登場したのである．

偏差IQは，平均100，標準偏差15の分布に変換した一種の偏差値である．この方法を使えば，平均的な人のIQは100になり，個人のIQは，平均からの相対的なズレを示すことになる．

しかし，偏差IQで問題になるのは，それが実質的に何を意味するのか明確でない点である．もともと偏差値というのは，その集団内でどういう位置にいるかを示す相対的なモノサシであって，走る早さとか跳ぶ高さのように，実質的な能力を表す絶対的なモノサシではないことを留意する必要がある．

3-7　心理アセスメントの信頼性と妥当性

心理アセスメントとは，人間の心という目に見えず形もない質的なものを，数量的・客観的に表す手段である．心理学における最も大きな発明は，こうした心の数量化という手法であるといえる．目に見えないものを数量化するのであるから，そうした方法においては科学的根拠がつねに問われることになる．というのも世の中には，興味本位の思いつきで作られた「心理ゲーム」のような，いい加減な測定法がいくらでもあるからである．そうしたいい加減な測定法と，科学的な測定法を分けるものは何だろうか．心理学では，心理アセスメント技法の科学的根拠を**信頼性**と**妥当性**というふたつの指標で表す．そして，

これらの指標が高いものだけを科学的方法と認めるようにしている．

「信頼性」とは，再現性のことであり，同じテストを同じ人に行ってみて，同じような結果が得られることである．このためには，再検査信頼性（同じテストを同じ被面接者に2回実施して，結果がどのくらい安定しているかという指標）や，内的一貫性（テストの項目がどれだけ均質かを表す指標）が高いかどうかを確かめる必要がある．非構造化面接法は，信頼性が低いという批判が出たので，それを改善するために構造化面接法が工夫されたことはすでに述べたとおりである．また，投映法も信頼性がそれほど高くないことが知られている．質問紙法については，信頼性を測る方法が確立しており，信頼性の高いものだけが生き残る傾向にある．

また，「妥当性」とは，そのテストが確かに「測ろうとする性質」を測っているかどうかということである．このためには，基準関連妥当性（テストの使用が目的に適っているかどうか，外的な基準とテスト得点がどの程度相関しているかを示す指標）や，構成概念妥当性（その構成概念に関連した別のテストの得点とどの程度相関しているかを示す指標）が高いかどうかを確かめる必要がある．妥当性のない測定法の代表としては，血液型による性格判定法をあげることができる．

心理アセスメントの技法を用いる場合には，信頼性や妥当性の高さが確かめられた方法を用いなければならない．また，そもそも信頼性や妥当性といった指標の原理や，効用と限界を理解しておく必要がある．そのためには，本書では解説していないが，統計学や計量心理学の基礎をしっかり学んでおかなければならない．

まとめ

クライエントの情報を集め，病理がなぜおこっているのかを考え，それにもとづいて治療の方針を立てるために，ケースフォーミュレーション（事例の定式化）が必要である．このためには，受理面接，領域ごとのアセスメント，診断，病理メカニズムの作業仮説策定，治療プランの策定，治療効果の評価とい

った段階を踏んで行う．治療効果を調べる時に，質的な表現にとどまらず，どのくらいよくなったのかを量的に示すためにも，心理アセスメント技法を用いることが必要になる．

　心理アセスメントの技法には，面接法と質問紙法がある．面接法は，その人と会って話をしたり観察したりしながら測定する方法であり，非構造化面接法・半構造化面接法・構造化面接法に分けられる．質問紙法は，質問項目を渡して，クライエント自身が自己評価する方法である．精神症状の測定においては，診断面接基準，症状評価尺度，症状評価質問紙という方法がある．知的能力の測定においては，個別式知能検査と集団式知能検査がある．

　アセスメント技法を用いる場合は，信頼性と妥当性が確かめられたものを選ぶ必要がある．

〈問題〉

- 精神症状のアセスメント技法として，診断面接基準，症状評価尺度，症状評価質問紙があるが，それぞれの長所と短所について比較してみよう．
- 心理アセスメント技法の信頼性と妥当性について説明してみよう．信頼性と妥当性が高い方法と，低い方法について，それぞれ具体例をあげてみよう．技法の信頼性と妥当性を高めるための方法を考えてみよう．

第Ⅰ部 臨床と性格の心理学　概論

4 心理療法

　心理アセスメント技法でクライエントの問題を明確化し，心理学的メカニズムを明らかにした上で，いよいよ心理療法が行われる．心理療法は，臨床心理学で最も重要な領域といってもよいだろう．別の言い方で，心理学的介入とか，心理学的援助，精神療法などと呼ばれることもある．心理療法の技法には，さまざまのものがあるが，ここでは4つのおもな技法について解説する．精神分析療法，来談者中心療法，行動療法，認知療法である．

　心理療法は本当に効果があるのだろうか．どの技法が効果的なのだろうか．このような疑問を解決するために考案された治療効果研究の方法と成果についても解説する．こうした研究が発展することによって，最近の心理療法はエビデンス(実証)のある治療技法としての地位を高めるようになった．

［キーワード］
▼

チーム医療
精神分析療法
来談者中心療法
行動療法
認知療法
治療効果研究
メタ分析
エビデンス(実証)にもとづく実践

4-1 生物-心理-社会の統合モデルとチーム医療

　抑うつ・不安障害・統合失調症といった症状は，心理面だけに現れるのではなく，身体面・社会面などにも現れる．こうした3つのレベルの原因を統合して考える枠組みを，生物-心理-社会の統合モデルということは第2章で述べたとおりである．このモデルは，精神症状の治療を考えるためにも大切である．つまり，治療においては，薬物療法，心理療法，社会的・地域的介入の3つを総合的に組み合わせる必要がある．

　また，生物-心理-社会の統合モデルは，実際の医療場面においては，医師・臨床心理士・ソーシャルワーカーという3つの職種の連携が大切であることも意味している．現代の医療は**チーム医療**であり，医師や看護職，臨床心理士，ソーシャルワーカーといった専門家が，チームを組んで分業して治療にあたる．

　生物学レベルを担当する医師は，患者の身体面の管理と医学的治療を担当し，治療全体の責任を持つ．とくに薬物療法について必要な指示を出す．また，心理学レベルを担当する臨床心理士は，患者の心理面の管理と心理療法を担当する．患者がいまどんな心理状態にあるかを把握し，それを改善し，対応を考える責任をもっている．社会的レベルを担当するソーシャルワーカーは，職業や対人関係といった患者の社会面の管理を担当する．各職種が専門性を生かしながら分業するのがチーム医療である．

　なお薬物療法について，大熊は，施行上の注意を以下のように述べている（大熊，1997）．

① 常に副作用に注意し，必要最小限の薬量にとどめること．とくに薬物依存に注意する．
② 原則としては単剤治療とし，併用薬の種類はできる限り少なくする．
③ 薬物療法と同時に，精神療法や生活指導を必ず行うこと．
④ 薬物療法は治療者・患者関係を確立する手段でもある．医師は薬物療法の終結についても注意を払い，患者に正しく説明すべきである．

⑤ 患者は医師に無断で服薬を怠ることが予想以上に多いことを忘れてはならない．

以下では異常心理学にもとづいた心理学レベルの治療について概説する．

4-2 心理療法の技法

総合的なチーム医療という枠組みの中で，臨床心理士がおもに担当するのが心理療法である．心理療法の技法のおもなものを概観してみよう．

(a) 精神分析療法

2-3節で述べたように，フロイトは，神経症は抑圧された無意識の欲望の現れであると考えた．そうだとすれば，抑圧をとりされば症状は消えるはずである．このためにフロイトが考えたのが**精神分析療法**である．

基本的には，「自由連想法」を用いる．自由連想法は，思いついたことを何の制限もなく自由に話してもらうものである．これは，防衛をゆるめ，抑圧を意識化しやすい状態に導くために行う面接法である．

また，抵抗分析や転移分析を通じて，患者自身が不合理な抑圧を意識化(洞察)して，それらを取り去ることによって，神経症の症状を取り去ろうとする．本書では詳しくのべる余裕はないが，「抵抗分析」とは，自由連想中に患者の示す特徴的な言動(黙り込む，拒否する，ある話題を故意に避けるなど)から，患者の自我防衛機制のあり方を分析することである．また，「転移」とは，患者が治療者に向けてくる個人的感情のことである．転移感情は，患者の父や母に対する未解決のまま持ち越された感情や願望を表すことが多いので，これを分析すると，患者の幼児期の親子関係が明らかになることがある．

また，ユングやアードラーをはじめ，フロイトの弟子たちは独自の理論や治療法を提出した．

精神分析療法は，20世紀には心理療法の主流であった．しかし，行動療法や認知療法に比べて，治療効果がそれほど明らかでないことがわかり，今世紀

に入ると，主流の座を明け渡した．

（b）来談者中心療法

　2-3節で述べたように，ロジャースの自己理論によれば，自己概念が硬直化し自分自身の体験をうまく捉えきれないために心理的な不適応をもたらす．したがって，不適応状態から脱するためには，自己概念の柔軟性をとりもどし，自分の体験や感情を，否認や歪曲なく，ありのままに受容するようになればよい．これがロジャースの提唱する**来談者中心療法**の原理である．

　まず治療者は，クライエントとの人間関係の質を重視して治療を行う．これは，心理療法が成功する場合，クライエントと治療者の間には良い人間関係ができているという知見があるからでもある．

　治療者の仕事は，クライエントの自己受容を援助することである．

　したがって治療者にとくに必要とされることは次の3つである．

　第一に，治療者自身が自己受容を遂げており，自分に正直であることである．

　第二は，クライエントに対して，無条件の肯定的な配慮を体験することである．「無条件の肯定的配慮」とは，クライエントのありのままを受容することである．「あなたはこういう点では良いが，こういう点では悪い」といった，条件つきの評価的態度は，むしろ，自己概念と体験を不一致に導く源になるというのである．

　第三は，クライエントに対して，共感的理解を体験できることである．「共感的理解」とは，相手の立場にたって考え，相手の身になって感じることである．単なる同情とか，自分の気持ちを相手に投影することとは違う．つまり，自分のものの見方・感じ方を通して相手を見るのではなく，相手のものの見方・感じ方を通して，相手を理解しようと努めることである．

　ここでは，何より治療者とクライエントの人間関係の質が重視されるが，これは，後述する治療法の「共通要素」を重視するということである．このような治療者と来談者の人間関係を通して，来談者は自分の体験をありのままに概念化し受容していき，建設的な人格的変容が訪れるとする．

この技法は，1960年代からカウンセリングの一般理論として，世界的に広まった．しかし，精神分析療法と同じく，治療効果を示す科学的証拠(エビデンス)はそれほど明らかではない．

（c）行動療法

2-3節で述べたように，学習理論では，神経症の症状は，古典的条件づけやオペラント条件づけの原理によって，誤って学習されたものと考える．そこで，同じ条件づけ原理に従い，神経症の症状を消去したり，適応的な行動習慣を再学習するのが**行動療法**である．代表的な技法として，エクスポージャー法，系統的脱感作法，オペラント法などがある．行動療法については，不安障害の章(第6章)で詳しく述べる．

（d）認知療法

2-3節で述べたように，認知理論では，抑うつ的な人は，自分の失敗を過大解釈したり，自分の長所を過小評価したり，少しでもミスがあれば完全な失敗と考え(全か無かの思考)など，独特の認知の歪みを持つ．そこで，ベックの提唱する**認知療法**では，こうした不合理で否定的な認知を明らかにし，合理的・肯定的な認知に置き換える訓練をする．認知療法の具体的な技法については，

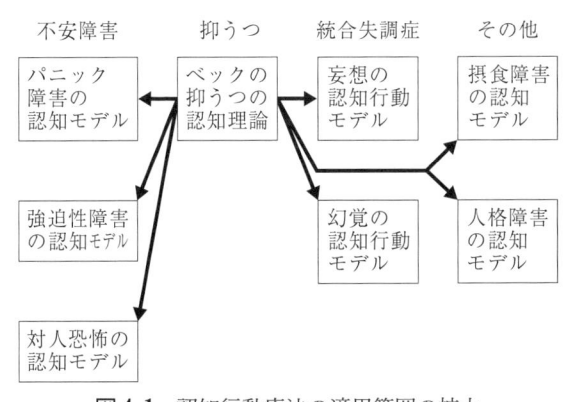

図 4-1 認知行動療法の適用範囲の拡大

第Ⅱ部の抑うつを扱った章(第5章)で詳しく述べる．

　認知療法は，もともとうつ病の治療法として開発されたが，うつ病以外の症状にも適用されるようになった．そして1990年代に，認知療法と行動療法は同じ実験心理学の理論から出てきたということもあり，「認知行動療法」として統合されるようになった．とくにエクスポージャー法(第6章参照)を取り入れた認知行動療法が大きく発展し，図4-1に示すように，うつ病だけでなく，いろいろな症状に適用されるようになった．不安障害については，パニック障害・空間恐怖・強迫性障害・対人恐怖などの症状に適用されている(第6章参照)．また，統合失調症の症状についても，妄想や幻覚などの症状に適用されるようになった(第7章参照)．ほかにも，摂食障害やパーソナリティ障害などに適用されている．

(e) 集団療法，家族療法，芸術療法など
　以上あげた技法の他にも，いろいろな心理療法の技法が開発されている．たとえば，「集団療法」は，個人療法と異なり，集団場面で行う心理療法である．メンバー同士の相互作用を通して，患者に働きかけることが特徴である．また，「家族療法」は，不適応行動の原因が本人だけでなくその家族にもあると考え，家族全体に働きかけるものである．家族療法については，システム論的アプローチ，コミュニケーションアプローチ，家族教育的アプローチなど，いろいろな理論や技法が考えられている．

　「芸術療法」は，芸術的活動(絵画・造形活動・音楽・劇・舞踏など)を利用して健康回復を援助する治療技法である．また，「遊戯療法」は，主として幼児を対象として，遊びをおもな治療手段とする心理療法である．

　また，「自律訓練法」という自己催眠法を用いて，心身の緊張を解き，リラクセーションを達成して，健康増進を図る方法もある．

(f) 心理療法の共通技法
　上で述べたように，心理療法の技法には，さまざまなものがあるが，それぞ

れの技法を超えて共通した要素も多い．このため，それぞれの個別技法に共通する技法は治療の共通要素と呼ばれる．具体的には，患者に対して，温かさ・共感的理解・尊敬を示すこと，患者と良好な人間関係を築くこと，患者から信頼されること，などをさしている．治療者が患者と良好な人間関係を築けるかどうかは，治療の成果を間接的に左右する．こうした治療関係が築かれて，はじめて心理療法の技法が生きてくるのである．

4-3 心理療法の効果を客観的に測る

(a) 心理療法の効果は測れるか

　心理療法を行うにあたっては，治療の効果をつねにモニターして，ひとつの技法に固執することなく，効果のある技法を選んでいく必要がある．今行われている治療が，どれだけ効果があるかについて，心理面での評価を行う必要がある．心理療法にせよ，医学的治療(たとえば薬物療法)にせよ，その改善は心理面に現れることが多いので，これを調べることは臨床心理学の大きな課題となる．適宜治療効果をきちんと評価し，効果があればその治療法を続け，効果が少ない場合は，治療計画を考え直さなくてはならない．

　1952年にアイゼンクは，文献調査により，精神分析や心理療法は神経症には効果がないばかりか，むしろ悪化させていると主張した．これによって臨床心理学の世界では論争がおこった．そしてその後の研究者は，治療効果を客観的に量的に判定する方法がないかと模索した．

　治療の効果を量的に示すといったことが果たして可能なのだろうか？　確かに，これまでは，そんなことは不可能と思われてきた．しかし，この20年の研究によって，多くの手法が発明され，それが可能となった．こうした研究は**治療効果研究**と呼ばれる．

(b) 治療効果を客観的に測るには

　治療効果研究の第一歩は，客観的な基準を用いて診断することである．どの

ような障害を対象としたのかによって，心理療法の効果は大きく変わってくるからである．このために前述のDSMやICDなどの診断基準が用いられるようになった．

　第二は，精神症状を測定する際に，主観的な指標ではなく，客観的な指標を用いることである．治療効果を調べる場合，単に「かなりよくなった．あまりよくならない」といった質的・主観的な表現にとどまらず，どのくらいよくなったのかを量的・客観的に示すことが望ましい．治療効果を量的に示すことができれば，医療チームが治療の経過を共有して把握しやすいし，患者本人や家族に対する説明責任も果たしやすい．

　治療効果を量的に計るために，第3章で述べた診断面接基準や症状評価尺度，症状評価質問紙などを用いる．このような量的な指標を用いて，治療経過を客観的に把握するのである．

　第三は，比較試験を行うことである．心理療法の最も基本的な研究は，事例研究である．しかし，事例研究には限界がある．その治療が他の事例にも当てはまる一般性を持つのかが判定できないからである．

　治療効果を調べるためには，その治療法が多数の事例にも効果があるかを調べなければならない．確実な結論を得るためには，**比較試験**(Controlled Trial)が必要である．これは治療しない対照群を別に設けて，それと治療群を比べる方法である．このような手続きを用いないと，その治療法が本当に効果があるかどうかを客観的に判定することができない．実際の臨床場面では未治療対照群を設けることが難しい場合も多いため，それに準じる方法が考えられている．待機リスト対照法(一定期間待機してもらってから治療をはじめ，この待機期間を未治療の対照群とする方法)，プラシーボ治療対照法(臨床場面でふつうにおこなわれている治療法を行い，これを未治療の対照群とする方法)などである．

　さらに厳密な方法として，**無作為化比較試験**(Randomized Controlled Trial：RCT)がある．これは，治療群と対照群に割り付ける際に無作為に行う比較試験である．こうした技法は，いろいろなバイアス(結論を誤らせる諸

要因)をさけるために，厳格な議論の中から育ってきたものである．こうした厳密な方法で調べるほど，結論の確実性は高くなる．事例研究や比較試験でいくら効果があるとされていても，RCT で否定されてしまうと効果があるとはいえなくなるのである．それだけ RCT の確実性は高い．ただし，そのぶん，多大な時間と労力と費用がかかるようになる．欧米の臨床心理学では RCT が多く行われるようになった．

第四は，心理療法の効果を客観的に表すために，「効果量」という指標を用いることである．効果量は，次の公式で求められる．

$$効果量 = \frac{(治療群の平均値)-(未治療対照群の平均値)}{(未治療対照群の標準偏差)}$$

これは，未治療対照群の標準偏差を 1 としたときに，治療による変化がどのくらいの量になるかを示す．

効果量は，一種の偏差値であるため，どのような症状尺度からでも算出できる点で便利である．効果量が 0 ならば治療の効果は全くないことを示す．効果量の値は大きいほど，治療の効果が高いことを示す．効果量が 0.5 を越えると一定の効果があり，1.0 を越えるときわめて大きな効果があることが知られている．また効果量がマイナスの値ならば，治療によって悪化したことを示す．このような指標が考えられたことによって，心理療法の効果を量的に表すことができるようになった．

(c) 治療効果のメタ分析

効果量は，どのような症状尺度でも，治療群と未治療対象群の平均値と標準偏差が記載されていれば，すぐに算出できる．そこで，学術雑誌に発表された心理療法の効果研究の結果を，統計的方法を用いて結合する方法が開発された．こうした方法は**メタ分析**と呼ばれる．

メタ分析を用いて，スミスとグラスは，375 個の研究を調べ，その効果量の平均値を取ったところ 0.68 という値が得られた(Smith & Glass, 1977)．つま

表4-1 治療技法ごとのメタ分析
(Shapiro & Shapiro, 1982)

治 療 技 法	効果量	研究数
行動療法全体	1.06	134
バイオフィードバック法	0.91	9
内潜行動療法	1.52	13
フラッディング法	1.12	10
リラクセーション法	0.90	31
系統的脱感作療法	0.97	55
モデリング法	1.43	8
ソーシャルスキル訓練	0.85	14
認知療法	1.00	22
力動的療法／ヒューマニスティック療法	0.40	16

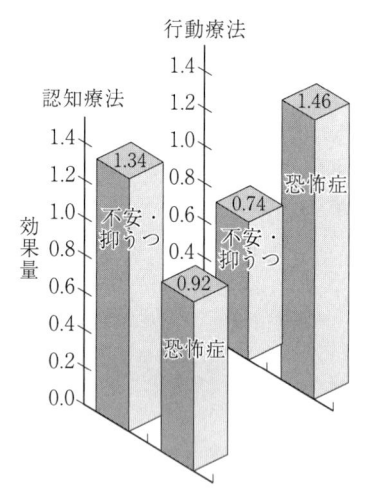

図4-2 技法と症状には相性がある
(Shapiro & Shapiro, 1982 にもとづいて作図)

り，心理的治療全体の効果量の平均は0.68であり，心理療法は十分な効果があるということが客観的に確かめられたのである．メタ分析という手法の発明は，臨床心理学の歴史の中でもきわめて大きい意味を持っているのである．

　メタ分析は，心理的治療にかかわるいろいろなことが数量的に示せる利点が

あるため，その後いろいろな分析が行われるようになった．メタ分析を使って，治療技法ごとの効果量を調べた研究がある．表 4-1 に示すように，内潜行動療法やモデリング法は治療効果が高いことがわかる．

また，異常心理の種類と心理療法の技法の相性も調べられている．たとえば，図 4-2 のような研究結果がある．行動療法は，恐怖症には 1.46 の効果量があるが，不安・抑うつには 0.74 の効果しかない．つまり，行動療法は，恐怖症の治療には高い効果があるが，不安・抑うつに対しては効果が低いことになる．これとは逆に，認知療法は，不安・抑うつには 1.34，恐怖症には 0.92 となっている．つまり，認知療法の場合は，不安・抑うつには効果が高いが，恐怖症に対しては効果が低い．このように，ひとつの技法は万能ではなく，特定の異常心理との相性がある．こうした結果からすると，患者の症状によって，治療効果の高い技法を使い分けるべきだということになる．

4-4　エビデンス(実証)にもとづく実践

症状ごとに治療効果の高い技法が異なるという発見により，1993 年に，アメリカ心理学会は，心理療法のガイドラインを作成した(コラム 4-1 を参照)．

また，欧米の大学や政府は，医療現場での活動を支えるために，各疾患ごとに治療効果を組織的に調べ，メタ分析で治療効果を判定したデータベースが作られている．作られたレビューは，書籍や論文やインターネットなどの形で公表されている．

コラム 4-1　心理療法のガイドラインと認知行動療法

1993 年に，アメリカ心理学会の第 12 部会(臨床心理学部会)は，心理療法のガイドラインを作った．これは，患者の症状によって，治療効果の高い技法を使い分けるべきだという主張にもとづいている．

以下の 4 つの基準を充たす治療技法を選び，「十分に確立された治療法」と

した.
① 治療の方法が, マニュアルによって明確化され, 第三者にも理解できること.
② 治療の対象者の特徴が明確に記述されたうえで, 治療効果が明らかにされていること.
③ 複数の研究で効果が認められ, その成果が専門雑誌に発表されていること.
④ 2組以上の研究者によって治療効果が確かめられていること.

このような基準で選んだ結果,「十分に確立された治療法」は18種となった. それを表4-2に示す. このリストは, その後改訂され, もっと多くの技法があげられている. このリストを見ると, 行動療法や認知療法の技法が中心的な位

表4-2 アメリカ心理学会第12部会(臨床心理学部会)によって
「十分に確立された治療法」と評価された治療技法
(Crits-Christoph *et al*., 1995)

対　　　象	治　療　法
①うつ病	ベックの認知療法
②発達障害	行動変容法
③尿失禁と便失禁	行動変容法
④頭痛と過敏性大腸症候群	行動療法
⑤女性のオルガズム障害と男性の勃起障害	行動療法
⑥　　―	行動夫婦療法
⑦慢性疼痛	認知行動療法
⑧パニック障害(広場恐怖のあるものも)	認知行動療法
⑨全般性不安障害	認知行動療法
⑩恐怖症(広場恐怖, 社会恐怖, 単一恐怖)とPTSD	エクスポージャー法
⑪強迫性障害	反応制止エクスポージャー法
⑫統合失調症	家族教育プログラム
⑬社会不安障害	集団認知行動療法
⑭大食症	対人関係療法
⑮うつ病	対人関係療法
⑯反抗行動のある子ども	親業訓練プログラム
⑰単一恐怖症	系統的脱感作療法
⑱　　―	トークン・エコノミー・プログラム

置を占めていることがわかる．精神分析療法や来談者中心療法はほとんど取りあげられていない．

　このような動きの中で，行動療法や認知療法が注目を浴びるようになった．これらは総称して認知行動療法と呼ばれるようになった．認知行動療法の発展によって，臨床心理士の治療能力は格段に進歩したといわれる．

　臨床心理士の養成においては，認知行動療法が重視されるようになっている．アメリカ心理学会認定の臨床心理学コース167を対象とした研究によると，90％のコースでは，認知療法について講義しており，80％のコースでは認知行動療法を実習に取り入れていた(Crits-Christoph *et al*., 1995)．また，アメリカ心理学会認定の臨床心理学コースについて調べた研究がある(Mayne *et al*., 2006)．各コースでの最も強い理論を調べると，最も多かったのは認知的／認知行動的理論で51％を占めていた．その次は，心理力動的・精神分析理論24％，家族システム／システム論的理論19％，実存的・現象学的・人間学的理論が10％，応用行動分析／行動理論7％といった順であった．アメリカの臨床心理学の半分のコースで，認知行動療法が主流となっている．

　イギリスでも，英国心理学会認定の臨床心理士養成大学院では，認知行動療法が最も主要な技法となっている．科学的心理学をきちんと身につけた者だけが臨床心理士になり認知行動療法を行うというシステムができている．

　このようにして，認知行動療法は，今や心理療法の世界標準(グローバル・スタンダード)となっている．

　このように，治療効果研究の方法論を駆使して，治療の効果を調べ，効果を明らかにしながら臨床活動を行っていく考え方をエビデンス(実証)にもとづく実践(evidence based practice)と呼ぶ．この運動は，もともと医学の領域で始まったが，臨床心理学にも取り入れられるようになった．

　エビデンス(実証)にもとづく実践とは，最も広い意味では，治療者の経験と勘だけに頼るのではなく，効果が客観的に証明された治療技法を用いるという理念のことである．そもそもエビデンス(実証)にもとづいて臨床活動を行うことは，臨床家の倫理のひとつである．治療効果が証明されない心理療法の技法を用いることは，倫理的に許されない．治療ガイドラインに沿って，各クライエントごとに最適の治療技法が選択されれば，クライエントにとって最も望ましいことである．また，クライエントに対して「これから行う心理療法にはこ

のような効果がある」と明らかにすることは，インフォームドコンセントの観点からも必須である．こうしたガイドラインは政府の保健政策にも大きな影響を与えるようになった．

◇まとめ◇

　異常心理学の理論にもとづいて，さまざまな心理療法の技法が開発されている．無意識の欲望の「抑圧」を重視する精神分析学では，抑圧の機制を取り去るために精神分析療法を開発した．また，自己概念の硬直化が不適応をもたらすと考えたロジャースは，来談者中心療法を提案した．一方，不適応行動は誤って学習されたものであると考える行動理論では，学習の原理に従って，不適応行動を消去したり，適応的な行動習慣を再学習したりしようとする．これが行動療法である．さらに，認知の歪みが不適応をもたらすとする認知理論においては，不適応的な認知の歪みを是正する認知療法を行う．このように，立場や技法はさまざまでも，成功した治療には共通したものがある．これを心理療法の共通技法という．

　心理療法は本当に効果があるのだろうか．どの技法が効果があるのだろうか．このような疑問を解決するために，治療効果研究が開発された．これにより心理療法の効果を量的・客観的に測定することができるようになった．心理療法と異常心理の種類の相性についても研究され，治療技法のガイドラインやデータベースも作られるようになった．こうした動きの中では，行動療法と認知療法が統合された認知行動療法が高く評価されている．こうして，効果が明らかな技法だけを用いようとする「エビデンス(実証)にもとづく実践」の考え方が定着した．これにより，最近の心理療法は，科学的根拠のある治療法としての確かな地位を占めるようになった．

◇問題◇

● 心理療法にはいろいろな技法が開発されたが，それぞれの効用と限界について比較してみよう．いろいろな技法に共通する要素にはどのようなものがあ

るか，説明してみよう．
- 心理療法の治療効果を調べることはなぜ必要か考えてみよう．心理療法の治療効果という目に見えないものを調べるためにどのような技法が開発されたか説明してみよう．また，治療効果研究の限界についても考えてみよう．

第II部 心理的障害への応用

5 抑うつの臨床

　抑うつとは，落ち込んで憂うつになることであり，食欲が落ちるなど身体にも影響が現れる．みなさんも経験があるのではないだろうか．たとえば，恋人や友人とケンカしてしまったら，あとで落ちこんで，何もしたくなくなるだろう．そういった状態をイメージしてもらえばわかりやすい．

　しばしば，たとえて「心の風邪」といわれる抑うつだが，悩む人は多く誰でもかかる可能性がある．このように身近な不適応状態だが，どのようにして抑うつになるのか．そして，どうしたら治すことができるのか．その発生メカニズムや症状，アセスメント，さらに治療法を紹介する．

［キーワード］
▼
素因ストレスモデル
認知の歪み
自動思考
推論の誤り
抑うつスキーマ
抑うつスパイラル
原因帰属
抑うつリアリズム
認知療法
行動療法
自己注目

5-1　抑うつの症状

抑うつ(depression)とは広い概念であり,「うつ」は広辞苑(第6版)によると「気のふさぐこと」をいう.心理学では,①抑うつ気分,②抑うつ症状,③うつ病という異なる3つの意味で使われる.以下,それぞれの語の意味と違いをみていこう.

第一の「抑うつ気分」とは,滅入った(悲しくなった,憂うつになった,ふさぎ込んだ,落ち込んだ)気分のことである.抑うつ気分は,一時的なこともあれば,長く続くこともあり,健康な人でも体験するものである.

第二の「抑うつ症状」とは,抑うつ気分に伴って生じやすい状態で,抑うつ気分の他に,興味を失う,疲れやすい,自殺をしたいと思う,ものごとに集中できない,食欲や体重が大幅に増えたり減ったりする,将来について悲観的に考えることなどが含まれる.また,心理的な症状のみならず,身体的な症状も出てくる.

第三の「うつ病」とは,抑うつ症状を中心とする医学的な疾患をさしている.一般的に抑うつ症状があるだけでは,うつ病とは判断できない.というのも,抑うつ症状は,うつ病だけでなく多くの障害にも出現する一般的な症状であり,臨床現場では頻繁にみられる.したがって,うつ病と診断する前に,他の器質的原因や他の精神疾患がみられないかどうか,慎重に調べる必要がある.

第2章で述べたDSM-Ⅳによると,以下のような基準を満たす場合は,うつ病と診断される.

(a) 以下の9つの症状のうち5つ以上があること
  ① 抑うつ気分(悲しみ,空虚感,涙を流すなど)が一日中続く
  ② 興味喪失(興味や喜びの著しい減退)
  ③ 食欲・体重の大幅な増減
  ④ 不眠または過眠が続く
  ⑤ 精神運動性焦燥または制止(つまり,落ち着かず,イライラして,ひとつ

の所に座っていられなかったり，いつも動いていたり，目的もないのにあちこち歩き回っていたりすること(焦燥)．あるいは，普段に比べて動き方や話し方がゆっくりになること(制止))
⑥ 易疲労性，気力の減退
⑦ 無価値感や罪責感
⑧ 思考力や集中力の減退，決断困難
⑨ 自殺念慮・自殺企図

　これらの症状を見ると，うつ病の症状は複雑で心身に関係した多様なものであるとわかる．つまり，うつ病の症状は，認知や行動などの心理的な面だけでなく，身体面にも現れるのである．
(b) 抑うつ症状が2週間以上続くこと
(c) 器質的原因(体の状態による原因，たとえば脳炎，てんかんなど)や物質性の原因(アルコールやその他の薬物)によって抑うつ症状が生じたものではないこと
(d) 統合失調症などの精神疾患に該当しないこと

　欧米で行われた調査を見ると，一生のうちで一度はうつ病にかかったことのある人の割合を示す生涯有病率は，おおむね4〜15%であり，大雑把にいって10人に1人が，一生のうちに1回程度，うつ病の診断基準を満たすような状態になったことがあるといえる(川上，2003)．このデータからわかるように，うつ病は身近な病気である．

5-2　抑うつのアセスメント

　抑うつ症状やうつ病を診断するためには，きちんとしたアセスメント(診断基準)が必要である．抑うつ症状のアセスメントには，診断面接基準，症状評価尺度，症状評価質問紙がある．
　第3章で述べたとおり，SCIDといった診断面接基準や，BPRSといった包括的症状評価尺度，MMPIといった包括的症状評価質問紙の中には，抑うつ

表5-1 抑うつ症状をはかる症状評価質問紙

略称	名称	発表者(発表年)	項目数
BDI	ベック抑うつ質問紙 Beck Depression Inventory	Beck *et al.* (1961)	21
SDS	自己評価式抑うつ性尺度 Zung Self-Rating Depression Scale	Zung (1965)	20
CES-D	疫学センター抑うつ尺度 Center for Epidemiologic Studies Depression Scale	Radloff (1977)	20

のアセスメントが含まれている.

また,抑うつ症状をはかるために独自に,個別的な症状評価尺度が作られている.**ハミルトン抑うつ評定尺度**(Hamilton Rating Scale for Depression:HRS-D)が代表的である.

また,抑うつをはかる質問紙法としては,表5-1に示すように,BDI,SDS,CES-Dなどがある.なお,抑うつの概念と測定については,坂本・大野(2005)を参考にされたい.

5-3 抑うつの異常心理学

抑うつ症状の発生については,第2章で述べた素因ストレスモデルが成り立つ.つまり,一定の生物学的・心理学的な素因を持った人が,心理・社会的ストレスを体験した場合に抑うつの症状が発生すると考えられる.

心理・社会的ストレスとは何か.たとえば,喪失体験や対人関係のトラブルなどである.喪失体験とは,配偶者や近親者の死亡・身体疾患・事故・転勤・転職・引退・引っ越しのように,これまで慣れ親しんだ人間や環境を失うことである(本シリーズ第5巻参照).このようなさまざまな心理・社会的ストレスが抑うつを発生させる.

また,生物学からみると,抑うつは脳の機能障害として捉えられる.第3章

で述べたように，神経細胞の「シナプス」の間で情報を伝える神経伝達物質のうち，抑うつと関連するのがセロトニンであるとされる．つまり，セロトニンが枯渇するなどして，神経活動が過小になった状態がうつ状態であるという．その根拠は，うつ病に効果のある薬物が，セロトニンの活動を調節する物質であるという点である．

以上のような**素因ストレスモデル**をもとにして，抑うつの心理学的なメカニズムの研究がさかんになってきていた．これらは，心理療法の基礎研究として大きな意義を持っている．以下では，抑うつをもたらすおもな心理学的なメカニズムを概観する．

まず最初に，抑うつの認知理論の先駆けとなったベックの理論について取り上げる．ベックの理論は認知が感情に及ぼす影響を理論化したが，その逆に，感情が認知に与える影響についてもわかってきた．そこで次に，認知と感情の相互影響について理論化した認知と感情の抑うつスパイラルについて述べる．さらに，社会心理学の発展とともに，社会心理学の知見を抑うつの説明に用いた理論が登場した．ここでは代表例として，抑うつ的な原因帰属スタイルと抑うつ的自己注目スタイルについて説明する．

（a）抑うつにおける認知の歪み

アメリカの精神科医のベックによると，抑うつを発症させやすい人は，独特の**認知の歪み**を持っているという．1967年に発表されたベックの理論は，それまでの抑うつ観を一変させた．

それまで，抑うつの本質は感情の障害であって，認知的障害(例：過剰な自責感をもつ)，動機づけ的障害(例：やる気がおきない)，行動的障害(例：話し方や動き方がゆっくりになる)，身体的な症状(例：食欲がなくなる)などは，二次的なものであると考えられていた．このような考え方では，感情を何らかの手段(抗うつ薬や心理療法)で直接コントロールすることで，抑うつを治そうとする．

ベックの考え方はこれとは違い，抑うつの本質は認知の障害であって，感情

```
A  →  B  →  C
```

A	B	C
Activating event 悩みを誘発するできごと	Belief 受け取り方，考え方，信念，認知	Consequence 結果としてのネガティブな感情，悩み

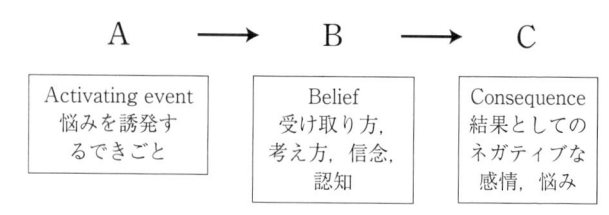

図 5-1　エリスの ABC 図式

の障害はそこから二次的に生じるものだと考える．つまり，抑うつ感情は抑うつ的なものの見方から生じてくる．抑うつ感情は，直接抑えるものではなく，抑うつ的な認知を変えることで抑えることができる．こうした考えが後述する認知療法の基礎になっている．この項ではこのベックの考え方を中心に述べる．

　ベックの認知モデルは，ABC 図式を枠組みにしている．ABC 図式とは，論理情動療法で有名なアメリカの心理療法家エリスによって考え出されたものである．これを図 5-1 に示す．

　図 5-1 において，**A**(Activating event) は，悩みのきっかけとなる出来事やストレスのことを指す．**B**(Belief) は，出来事の受け取り方や信念を示す．**C**(Consequence) は，信念の結果としておこってくる悩みや抑うつ感情などを指す．エリスによると，クライエントの多くは，悩み(C)をもたらすものは，ネガティブな出来事(A)そのものであると信じている．だから，A を変えることができない以上，悩みを変えることはできないとあきらめてしまう．しかし，実際は，悩み(C)を生むものは，出来事(A)そのものではなくて，出来事に対する受けとり方(B)なのである．つまり，症状は，認知の仕方によって生みだされる．だから，出来事(A)は変えられなくても，認知の仕方(B)を変えれば，悩み(C)は軽くなるというわけである．こうした ABC 図式をもとにして，エリスは論理情動療法を提示したのである．

　ベックは ABC 図式を抑うつにあてはめた．つまり，抑うつ感情を生み出すものは，外界の出来事ではなくて，その出来事をどう解釈するかという認知であると考えたのである．

5-3 抑うつの異常心理学

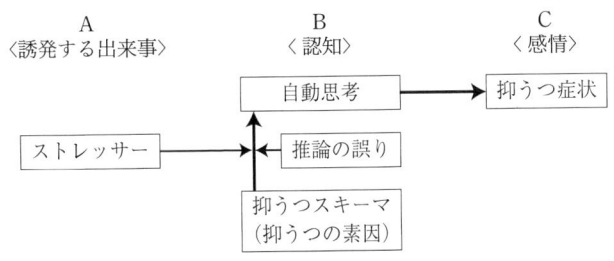

```
   A              B           C
〈誘発する出来事〉  〈認知〉       〈感情〉
                 ┌─────────┐   ┌─────────┐
                 │ 自動思考 │──→│抑うつ症状│
                 └─────────┘   └─────────┘
┌─────────┐      ┌─────────┐         ↑
│ストレッサー│──→ │推論の誤り│
└─────────┘      └─────────┘
                 ┌──────────┐
                 │抑うつスキーマ│
                 │(抑うつの素因)│
                 └──────────┘
```

図 5-2 ベックの抑うつの認知理論

　ベックは，図 5-2 に示すような抑うつの認知モデルを提唱している．この図に示すように，自動思考，推論，抑うつスキーマという 3 つのレベルの認知を分けて考える．分解して説明しよう．

　抑うつ症状は，自分の意志とは関係なく意識に上ってくる，ネガティブに歪んだ考え(**自動思考**)によってもたらされる．自動思考とは，文字通り「自動的に」脳裏に浮かんでくる考えであり，あれこれ熟考の末に至った結論ではない．たとえば，授業での発表がうまくいかなかった時に，自動的に(何の根拠もないのに)「あぁ，自分はやはりダメな人間なのだ」と思ってしまうことである．

　ネガティブな自動思考とは，自分に自信がもてなくなったり，まわりとの関係をネガティブに考えたり，未来を悲観的に考えたりすることである．つまり，抑うつを生み出す自動思考は，自己・世界・未来という 3 つの領域にわたってネガティブな思考内容で占められており，抑うつ認知の三大徴候と呼ばれている．

　自動思考は，体系的な推論の誤りから生じる．抑うつ的な人の推論は独特であり，次のような体系的な**推論の誤り**①〜⑥が見られる．

① 証拠もないのにネガティブな結論をひきだす．
　たとえば，恋人からたまたまちょっと冷たくされただけで「もう終わりだ」と，根拠がないのにネガティブな結論を引き出すようなことである．このような推論の誤りを**恣意的推論**という．

② 最も明白なものには目もくれず，ささいなネガティブな出来事だけを重視する．

たとえば，就職の際に指導教員から書いてもらった自分の推薦書の中にたったひとつ悪い点があっただけで，「自分は指導教員に悪く思われている」と結論づけてしまうことである．これを**選択的注目**という．

③ わずかな経験から，広範囲のことを恣意的に結論づける．

たとえば，数学の試験ができなくて単位を落とした学生が，「他の科目の試験も絶対に合格しない」と思いこんでしまう．これを**過度の一般化**という．

④ ものごとの重要性や意義の評価を誤る．

たとえば，若い時の仕事の失敗を拡大解釈して，「自分がやる仕事はどれもこれもうまくいっていない」というように，自分の業績のすべてを過小評価してしまうことである．これを**拡大解釈**と**過小評価**という．

⑤ 自分に関係のないネガティブな出来事を，自分に関係づけて考える．

たとえば，友達が肺癌(ガン)で死んだ時に，その人の死を自分と結びつけて，「もし私がタバコをやめるように忠告しておけば，彼は肺癌で死ぬことはなかったのに」と考えてしまうことである．これを**個人化**という．

⑥ ものごとに白黒をつけないと気がすまない．ものごとは完璧か失敗かのどちらかしかないのように極端に考える．

たとえば，「もし恋人にふられてしまったら，私は存在する意味がなくなってしまう．死ぬしかない」といった極端な考え方をする．これを**完全主義的・二分法的思考**という．

ネガティブな思考には根源的な要因がある．それは抑うつスキーマと呼ばれている．**抑うつスキーマ**とは，自動思考(と，その後の抑うつ)を生じさせる，より深層にある信念や態度のことをさしている．抑うつ的な人のスキーマは独特なネガティブなものであり，これをもっている人は，「〜すべきである」や「いつも〜だ」「〜か〜かのどちらかしかない」といった考え方をよくする．抑うつスキーマは幼児期のネガティブな体験などによって形成されると考えられている．なお，スキーマとは心理学で用いられる専門用語で，「人間のもつ知識体系の中で，ひとつのまとまりをなし，独立して機能し，ある程度一般性を

もった知識の単位」(鈴木，2001)のことをいう．ここでは認知心理学的な研究で用いられているような厳密な意味で「スキーマ」を用いているわけではない．「思考の枠組み」と考えておけばよいだろう．

　抑うつスキーマは，ふだん(落ち込んでいない時)は，記憶の中に潜在し，何も問題が起きることはない．しかし，抑うつスキーマをもつ人がネガティブな出来事を体験すると，それによって抑うつスキーマが活性化され，その結果，ネガティブな自動思考が生じる．たとえば，抑うつ的スキーマをもつ人は，まわりから親切にされている時は問題ないが，まわりの人から不親切にされると「すべての人にいつも受け入れてもらわなければ，私は幸福になれない」と考えたり，仕事で失敗した時に「価値ある人であるためには，引き受けた仕事をつねに成功させねばならない」と考えたりするなど，ネガティブな出来事を経験したときに歪んだ考え方をしてしまう．

　この理論では，もともと抑うつの素因(抑うつスキーマ)をもつ人が，ネガティブな出来事を経験して抑うつになると考えている．つまり，この理論は素因ストレスモデル(第2章参照)と同じ枠組みをもつ．

　以上のような認知の歪み理論にもとづいて，ベックは抑うつの認知療法を提唱した．これについては，次節で述べる．

(b) 認知と感情の抑うつスパイラル(抑うつ処理活性仮説)

　イギリスの心理学者ティーズデイルは，抑うつ状態になると，ふだんとは全く違った認知パタンが現れると考えた．これが抑うつ的処理活性仮説である(Teasdale, 1985)．図5-3は，この理論をABC図式に合わせて書いたものである．以下，図5-3の記号(a〜e)に沿って説明する．

　誰にでも，挫折や喪失体験など，ネガティブなライフイベントを体験し(図5-3のa)，それを嫌悪的であると認知することがある(b)．そうなると，誰でも落ち込んで軽い抑うつ気分を味わう(c)．多くの人は短い時間で自然に抑うつから回復していく．これに対し，抑うつ的な人は，一度抑うつ状態になると，

```
           A                    B                    C
    〈誘発する出来事〉         〈認知〉              〈感情〉
```

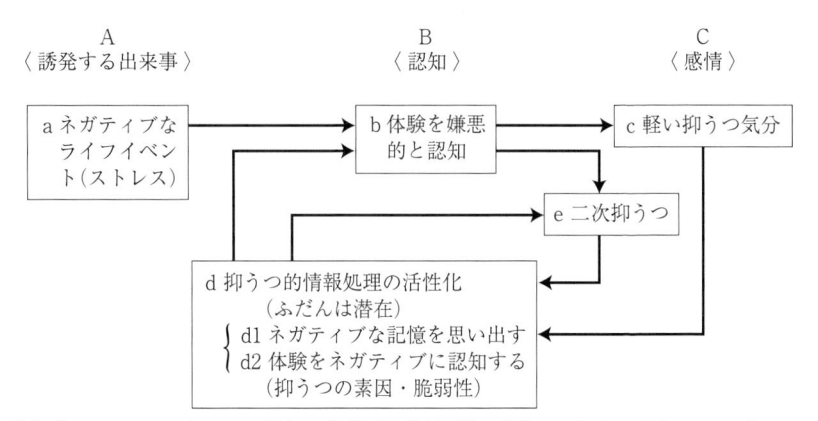

```
  ┌──────────┐         ┌──────────┐         ┌──────────┐
  │aネガティブな│────────→│b 体験を嫌悪│────────→│c 軽い抑うつ気分│
  │ライフイベン│────────→│的と認知  │         └──────────┘
  │ト(ストレス)│         └──────────┘              │
  └──────────┘              ↑  ↑               ↓
                            │  │         ┌──────────┐
                            │  └─────────│e 二次抑うつ│
                            │            └──────────┘
                            │                  ↑
  ┌─────────────────────────┴──┐             │
  │d 抑うつ的情報処理の活性化      │─────────────┘
  │   (ふだんは潜在)              │
  │ ┤ d1 ネガティブな記憶を思い出す │
  │ ┤ d2 体験をネガティブに認知する │
  │   (抑うつの素因・脆弱性)       │
  └───────────────────────────┘
```

図 5-3 ティーズデイルの抑うつ的処理活性仮説：認知と感情の抑うつスパイラル
(Teasdale, 1985 にもとづいて作成)

ふだんとは全く違った思考パタンが現れる．これが「抑うつ的情報処理の活性化」である(d)．抑うつ的処理が活性化すると，ふたつのことがおこる．まず以前のネガティブな記憶ばかりを思い出しやすくなる(d1)．また，ふだんならイヤとは感じないような弱いストレス体験も，この時は嫌悪的であると感じられるようになる(d2)．そこで，もともとの体験(a)がさらに嫌悪的なものと認知される(b)．それにより，抑うつ気分はさらに高まる(c)．このように，a→b→c→d→b→c→…という循環ができあがる．こうしたスパイラルができあがると，互いにフィードバックしながら増強するので，抑うつが強まっていくのである．これを**抑うつスパイラル**という．

抑うつが強まっていく過程において，二次抑うつ(図5-3のe)が現れる．そもそも，抑うつ症状(抑うつ気分や意欲の喪失など)は，それ自体が嫌悪的な体験であるから，抑うつ症状を体験すること自体がネガティブな体験となりうる．たとえば，抑うつ症状を病気とは考えず，「自分がわがままで弱いからこうなるのだ」といったように誤って原因を帰属して自分を責めたりする．このような症状を，ティーズデイルは「二次抑うつ」ないしは「抑うつについての抑うつ」と呼ぶ．こうなると，最初のきっかけ(a)が何だったかとは関係なく，b→e→d→e→d→…という自己完結的なループができあがる．つまり，何

について落ち込んでいるのかを忘れ，落ち込んでいること自体に落ち込むという悪循環にはまり込む．それで，容易なことでは外へ抜け出せなくなる．

(c) 抑うつ的な原因帰属スタイル

抑うつ発生をもたらす要因として原因帰属スタイルというものがある．

あることを体験した時，その原因はどこにあるかを決めることを**原因帰属**という．アメリカの心理学者エイブラムソンらは，抑うつと原因帰属の関係を指摘する(Abramson et al., 1978)．つまり，嫌なことを体験した時，その原因帰属の仕方によって，抑うつになるというのである．エイブラムソンらは，原因帰属の仕方を，図5-4のように，3つの次元から分析した．

第1は内在性の次元である．これは，その原因が自分の内にあるもの(内的帰属)か，あるいは自分の外にあるものか(外的帰属)という次元である．

第2は安定性の次元である．これは，その原因がいつも同じく当てはまるものか(安定的帰属)か，あるいはその時限りしか当てはまらないものか(不安定的帰属)かという次元である．

第3は，般化性の次元である．これは，その原因が他の多くの場面でも同じく当てはまるものか(全般的帰属)か，あるいはその場面だけに限られたものか(特殊的帰属)かという次元である．

エイブラムソンらは，これら3つの次元を組みあわせて，表5-2に示すように，8つの帰属のパタンを考えている．表5-2は，数学の試験に失敗した生徒

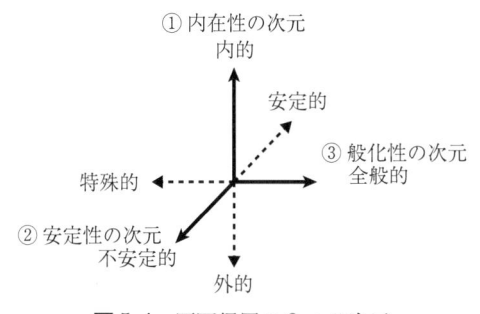

図 5-4　原因帰属の3つの次元

表5-2 原因帰属：数学の試験で失敗した生徒の例
(Abramson et al., 1978)

③般化性の次元		②安定性の次元	①内在性の次元	
			内 的 (個人的無力感)	外 的 (普遍的無力感)
	全般的	安定的	私は頭が悪いから(能力)	授業で習わないことが出たから(課題の困難度)
		不安定的	疲れて努力不足だったから(努力不足)	きょうは13日の金曜日だったから(運)
	特殊的	安定的	数学の能力がないから	数学の試験はいつも不公平だから
		不安定的	風邪をひき計算力が鈍っていたから	数学の問題が13問だったから

が，自分の失敗原因を帰属する8つの帰属のパタンを示したものである．たとえば，数学の試験に失敗した原因を「私は頭が悪いから失敗したのだ」と帰属した場合は，①内的・②安定的・③全般的な原因に帰属したということができる．また，たとえば，数学の試験に失敗した原因を「風邪をひき，計算力が鈍っていたから」と帰属した場合は，①内的・②不安定的・③特殊的な原因帰属ということができる．

エイブラムソンらによると，嫌なことを体験した時，①内的な原因に帰属するほど，②安定的な原因に帰属するほど，③全般的な原因に帰属するほど，抑うつになるという．このようなパタンを「抑うつ的な原因帰属スタイル」と呼んだ．表5-2の例でいえば，数学の試験に失敗した生徒が，「私は頭が悪いから失敗したのだ」と帰属した場合は，最も抑うつが強くなる．逆に，同じく数学の試験に失敗しても，「数学の問題が不吉な番号とされる"13"問だったから」のように，①外的・②不安定的・③特殊的と帰属するほど，抑うつは弱くなる．このように帰属の仕方には個人差があるので，同じ体験をしても，抑うつになる人とならない人が出てくるのである．

このような予測を裏付ける研究結果は多い．実際に，抑うつ的な人は，何か嫌なことを体験した時，確かに①内的・②安定的・③全般的な原因に帰属する傾向がある．

抑うつ的な原因帰属スタイルを改善することによって，抑うつを軽減しようとする「帰属療法」が行われている．これについては，5-4 節(c)で述べる．

(d) 抑うつ的自己注目スタイル

1970 年頃から社会心理学で展開した自己意識理論を用いて，抑うつを説明しようとする研究もさかんになった．そのきっかけとなったのは，デュヴァルとウィックランドの客体的自覚理論である(自己への関心については第5巻参照)．

デュヴァルとウィックランドの客体的自覚理論によると，鏡に映った自分の姿を観察したり，他人から見つめられると，人は自分をあたかも他人のように客観的に知覚するようになる(Duval & Wicklund, 1972)．こうした自己意識状態になると，「理想の自分」に比べて現実の自分への評価が下がり，ネガティブな感情が生じやすい．いわゆる自己嫌悪である．そして，このネガティブな感情を解消しようとして，自己意識状態を避ける欲求や，自分を理想に近づけようとする欲求がおこる．

さらにバスやフェニグスタインらは，自己意識を私的な側面と公的な側面に分けた．「私的自己意識」とは，自分の身体や感情についての知覚，自己評価など，自分だけが直接体験できる内面的な自己意識である．一方，「公的自己意識」とは，他人から見られたり，カメラを向けられた時に感じられるような，外面的な自己意識である．

この自己意識のなかでも，抑うつに関係するのは私的自己意識である．抑うつと私的自己意識(自己注目)の関係を明確にしたのが，坂本の「自己注目と抑うつの3段階モデル」である．このモデルは，自己注目と抑うつとの関連を時間軸にあわせて整理し，モデル化したものである(図 5-5)．

このモデルでは，自己注目と抑うつとの関係は，図 5-5 のように 3 つの段階

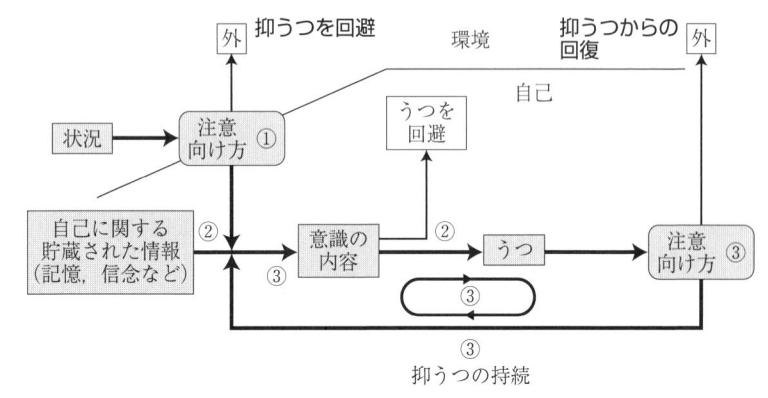

図5-5 自己注目と抑うつの3段階モデル

(自己注目の始発，作動，持続)に整理できる．そしてこの3段階は抑うつの経過と以下のように対応づけられる．①自己注目の始発＝抑うつが生じるきっかけ，②自己注目の作動＝抑うつの発生，③自己注目の持続＝抑うつの憎悪である．以下，それぞれの段階について解説する．

① 自己注目の始発＝抑うつが生じるきっかけ

人は注意を自己か環境かに向けるとされているが(Duval & Wicklund, 1972)，通常であればどちらかにかたよることはない．自己注目の始発の段階とは，何らかの出来事や刺激に反応して注意が自己に向かう段階のことである．この後の「自己注目の作動」のところで述べるように，抑うつが生じるためには自己に注意を向けている必要がある．そのため，自己に注意を向ける段階(自己注目の始発の段階)は，抑うつが生じるきっかけと対応づけることができる．ところで，自己に注意を向けるのは，ネガティブな出来事の後やネガティブな気分の時の方が多い(坂本，1997)．この理由のひとつは，ポジティブな状況よりもネガティブな状況の方が，(その状況に)対処する必要が高く，そのため，自己に注意を向けて必要に応じて自己をその状況に合わせて調節することになるためだと考えられる．

② 自己注目の作動＝抑うつの発生

　自己注目の作動の段階とは，貯えられていた自己に関する情報（記憶，信念など）が処理され，意識に上る段階である．たとえば，自己の過去の記憶が思い出される，自己のあるべき姿や現在の自己が意識されるなどが，自己注目の作動の結果である．抑うつが生じるのは，貯えられていた自己に関する情報（記憶，信念など）がネガティブな場合に限られよう．

　自己注目の結果がネガティブなものかそうでないかは，自己注目によって処理される情報の内容がネガティブかどうかで決まる（例えば，Sedikides, 1992）．これまで述べたように，一般に，抑うつ的な人は，抑うつスキーマ（(a)項参照）や抑うつ的な帰属スタイル（(b)項参照）といった，ネガティブな自己に関する情報や自己に関する情報処理の枠組みをもっている．それが，自己に注目することによって認知的処理を受け，意識に上ることでネガティブな内容の思考が生じるのだ．

③ 自己注目の持続＝抑うつの憎悪

　自己注目の憎悪の段階とは，時間が経過しても，情報処理の素材が自己に関連した情報から環境に関する情報に移らず，自己関連情報の処理が続く段階である．

　たとえば，楽しい気分の時には楽しい記憶が，悲しい気分の時には悲しい記憶が想起されやすいというように，記憶に関する研究では，その時経験している気分と一致した内容の記憶が想起されやすいという**個人的記憶の気分一致効果**(Bower, 1981)が指摘されている．抑うつの時に自己に注意を向けると，この気分一致効果が働くため，自己に関するネガティブな記憶が意識に上ることになり，その結果として抑うつが強まると考えられる．また，「自己確証」といって，人には自己概念を形成・維持するために，既にもっている自己概念を確認しようとする傾向がある(Swann, 1983)．自己に注目している状態では，自分はこんな人間なのだという自己概念が意識されやすくなっている．したがって落ちこんだ気分の時に自己に注目していると，ネガティブな自己概念が意

識されやすくなっており，その結果，自己確証の働きで，ネガティブな自己概念を確認するような情報，たとえば自分に対するネガティブな評価を取り入れやすくなっている．そのため，自分がダメだというネガティブな思いこみに支持を与えるような証拠(たとえば，成功した思い出よりも失敗した思い出)を探してしまうのである．さらに自己注目自体が，その時感じている感情を強めることになるので(Scheier, 1976)，抑うつ気分の時に自己に注意を向け続けると，それだけで抑うつ気分(およびそれに関連する症状)が強まると考えられる．

このように，「抑うつと自己注目の3段階モデル」によると，抑うつ気分の時の自己注目は抑うつの悪化や持続に結びつく．したがって，抑うつ状態では自己への注目を持続させないことが大切になってくる．このモデルにもとづく治療への示唆については，後述する．

コラム 5-1 抑うつリアリズム

ベックの理論は，うつ病の人の認知がネガティブに歪んでいるというものであり，暗黙の前提として，うつ病でない人の認知は正確で現実的であると考える．ところが，いろいろな実験を行うと，表5-3に示すように，認知が正確なのはうつ病の人の方であり，うつ病でない人の認知の方がポジティブな方向に歪んでいるという結果が得られることがある．これが**抑うつリアリズム**の研究である．

この説を支持する実験結果は，随伴性の判断，成功への予期の評定，原因帰属などにおいてみられる．たとえば，「随伴性の判断」の実験というのは，次のような実験である(Alloy & Abramson, 1979)．被験者はコンピュータゲームを行うが，「最初の持ち点は20点．判断を誤ると1点減．正しく選択すると1点増」と教示される．しかし，実は，どう操作しても必ず勝つように前もってプログラムされているのである．

ゲーム終了後，「ゲームの結果について，どの程度自分でコントロールできたか」を被験者に評定してもらう．実験の結果，抑うつ的ではない人は，「勝ったのは自分の能力のため」と思い，自分のコントロールを高く評定した．これを「統制の錯覚」という．自分の能力を高く見積もる楽観的なバイアスがあ

るのである．これに対し，抑うつ的な人は統制の錯覚がなく，「勝ったのは何かこのゲームに細工されていたからではないか」と自分の能力を正確に判断していた．抑うつ的な人は「自分は成功する」という幻想がないのである．踏み込んでいうなら，健常者は，現実を楽観的に歪めて認知するので抑うつにならないのに対し，抑うつ者は楽観バイアスがなく現実を直視するために抑うつになるのかもしれない．

社会生活を送る上で，抑うつは障害となることが多い．しかし抑うつは進化心理学的に以下のように解釈されている．フォーガスによると，人はポジティブな気分の時は，単純で自動的で発見的な情報処理を行うのに対し，ネガティブな気分の時は，分析的で注意深い精緻な情報処理を行うとされる(Forgas, 1992)．つまり，悲しい気分の方が人は現実的になりやすい．こうした傾向は厳しい生存競争のなかで獲得してきた特質であると考えられる．その意味で，抑うつ気分は，それなりの生物学的な意味があり，生命維持に役立っているとも考えられる．

表5-3 抑うつリアリズム

	ベックの認知の歪み理論	抑うつリアリズム理論
抑うつ者の認知	ネガティブに歪んでいる	正確で現実的である ＝抑うつリアリズム
非抑うつ者の認知	正確で現実的である	ポジティブな方向に歪んでいる＝楽観バイアス

5-4 抑うつの治療

抑うつ症状やうつ病に対する治療は，薬物療法や心理療法などを総合的に組み合わせることで行う．

（a）薬物療法

うつ病を代表とする気分障害には，さまざまな種類があり，確定診断が難しい．抑うつ症状は気分障害以外の精神障害，たとえば，パーソナリティ障害，

統合失調症，不安障害などでも生じる可能性がある．診断をあいまいにしたまま安易に薬物療法を行うと症状を遷延化(＝長引かせること)したり，増悪(＝悪化)させたりする．医学的治療としては，まず，診断を明確にして，薬物療法のターゲットを決めなければならない．

うつ病に対する薬物療法としては，**三環系抗うつ薬，四環系抗うつ薬，SSRI**(選択的セロトニン再取り込み阻害薬)，**SNRI**(セロトニン・ノルアドレナリン再取り込み阻害薬)などが用いられる．三環系抗うつ薬は抑うつ症状に対して最も効果がある．しかし，副作用も多い．(副交感神経に関係する)ムスカリン性アセチルコリン受容体を阻害するので(抗コリン作用)，口渇，視力調節障害，便秘などが生じやすい．ときに，血圧下降，めまい感，頻脈，尿閉(尿を排出できない症状)などもみられることがある．四環系抗うつ薬は三環系抗うつ薬よりも副作用が少ないが，効果が比較的弱く，最近ではSSRIやSNRIのほうが，使用頻度が高い．なかでもSSRIは，副作用が少ないので精神科以外の医師でも使いやすいといわれてきた．しかし，未成年の患者に用いると自殺率が上がったり，さまざまな離脱症状(薬物の中断による症状)が現れたりすることが知られている(田島, 2007)．

その他，躁状態にも効果があるとされる気分安定薬も用いられる．炭酸リチウムや，抗てんかん薬でもあるカルバマゼピン，バルプロ酸などである．三環系抗うつ薬だけでは効果が出ないとき，こうした気分安定薬を併用することもある．

薬物療法と同時に，心理療法を行うことも大切である．以下では，治療効果が確かめられている認知療法や行動療法などについて述べる．

(b) 認知療法

5-3節(a)で述べたように，抑うつ的な人には独特の**認知の歪み**がある．こうした歪みを是正するためにはどうしたらよいだろうか？　ベックは，抑うつの認知理論にもとづいて，**認知療法**を考案している．認知療法には，行動的な技法と認知的な技法がある．

表 5-4　非機能的思考記録 (DRDT)

	説　明	例
①出来事	嫌な気分にさせた出来事を客観的に描写する．事実を書くようにして，感情は書かない．	授業中発表したら，うまく発表できなくて先生に怒られた．
②気　分	その出来事を経験した直後，どんな感じがしたかを書く．また，その程度を100点満点で評価する．	落ち込み(85), 恥ずかしさ(60), 怒り(55)
③自動思考	その出来事を経験した後で，頭の中に出てきた考えを思い出して書く．	うまくいかなかったのは自分がダメだからだ．みんなの前で恥をかいてしまった．それにしても，先生もそんなに怒ることはないだろう．
④合理的な思考	③の考え方は偏ったもので，嫌な気分のもとになる考えである．そこでここでは，直感的に出てきた③の考えに圧倒されないようにするため，別の見方を出してバランスをとるようにする．	発表内容は十分準備したけど，発表の練習は足りなかったかもしれない．今度は発表の練習もしよう．私がやればできると期待しているから，先生は怒ってくれたんだ．他の人も同じような調子だし，うまくいかなかったことは気にし過ぎなくてもいいや．
⑤気分の変化	④の考え方をしたことで，気分がどう変わったかを②と同様に100点満点で評価する．	落ち込み(45), 恥ずかしさ(30), 怒り(25)

　行動的技法には，自己モニタリングや活動スケジューリングなどが含まれる．
　自己モニタリングは，少なくとも1週間にわたり，自分の行動とその時の気分・達成度・満足度を，1時間単位で細かく記録することである．また，活動スケジューリングは，生活の行動計画を1時間単位でたてることである．あとでその達成度と満足度をチェックする．
　認知的技法の代表的なものとして，非機能的思考記録 (DRDT) がある．表

5-4 はある大学生の DRDT の例である．

① **出来事** 抑うつ感情を持った状況を書き出す．ある大学生は，授業中発表したが，うまく発表できなくて先生に怒られた．これがきっかけで落ち込んでしまった．

② **気分** その出来事の直後の感情を書き，その程度を 100 点満点で評価する．この学生は，落ち込み 85，恥ずかしさ 60，怒り 55 を感じた．

③ **自動思考** ネガティブな気持ちを生んだ思考過程を書く．この大学生の場合は，その時「うまくいかなかったのは自分がダメだからだ．みんなの前で恥をかいてしまった．それにしても，先生もそんなに怒ることはないだろう」という考えが浮かび，これらが彼を抑うつに陥れたのである．

④ **合理的な思考** 別の見方ができないか考えて記入する．この学生は「発表内容は十分準備したけど，発表の練習は足りなかったかもしれない．今度は発表の練習もしよう．私がやればできると期待しているから，先生は怒ってくれたんだ．他の人も同じような調子だし，うまくいかなかったことは気にし過ぎなくてもいいや」のように考えることができた．

⑤ **気分の変化** ④の考え方をしたことで気分がどう変わったかを②と同じく 100 点満点で評価する．この学生の場合は，落ち込み 45，恥ずかしさ 30，怒り 25 となった．②の値と比べると，それぞれの感情の強さがかなり低下していることがわかる．

このように，DRDT は，誤った推論によるネガティブな認知を合理的・肯定的な認知に置き換える練習をするのである．

認知的技法の基本となるのは自問法である．すなわち，認知の変容は，セラピストの説得によって行われるのではなく，クライエントが自分自身で行うのである．クライエントは，自分の自動思考を，事実とするのではなく，いったん括弧にいれて距離をとり，「仮説」とみなす．そして，その仮説(推論)が本当に正しいか，自分でデータを集め，実験を行い，そこから結論を出していく．仮説の形成のためにクライエントは自分自身に，3つの質問を行う．すなわち，①そう考える証拠は何だろうか？ ②ほかの見方はできないだろうか？ ③そ

う考えることにどんな意味があるのか？　この3つの質問によって，立てられた自分の自動思考という「仮説」を客観的に捉え，その結果から自身の認知を修正していくのである．

　認知的な治療がすすむと，自動思考や推論より深いレベルにある「抑うつスキーマ」に突き当たるようになる．前述の抑うつスキーマ仮説にしたがえば，抑うつスキーマを変容しない限り，うつ病を根本的に治療したことにはならない．しかし，抑うつスキーマは，前述したように，適応的な考え方も含まれているために，変えるのはなかなかむずかしい．なお抑うつスキーマを変える技法は総称してスキーマワークと呼ばれる．

　スキーマに介入する技法としては，下向き矢印法がある．これは，自動思考を仮に正しいとしたうえで，次々と連鎖的に質問をして，スキーマを分析する方法である．

　たとえば，あるクライエントは，パーティで誰かに無視され，「彼女は私と一緒にいるのが退屈だと思っている」というネガティブな自動思考が浮かんだという．そこで，それを聞いたセラピストは以下のような質問をしていった．

　　セラピスト「彼女があなたと一緒にいるのを退屈だと思っていたら，それはあなたにとってどんな意味があるのですか？」
　　　　↓
　　クライエント「私はつまらない人間だということです」
　　　　↓
　　セラピスト「あなたがつまらない人間だったら，それはあなたにとってどんな意味があるのですか？」
　　　　↓
　　クライエント「私は誰からも愛されない無価値な人間だということです」

　このような一連の質問によって，このクライエントには「誰にも愛されていないのに幸福であるはずがない」とか「自分の人間としての価値は，他人が自分をどう思うかにかかっている」といった抑うつスキーマをもっていることが

わかってくる．このようにクライエントの抑うつスキーマを明らかにし，変えることで根本的に治るよう治療を進める．

　認知療法の効果を示す事例をあげておこう(Blackburn, 1989)．クライエントは58歳の独身女性である．仕事は会社で秘書をしており，同じ職場に25年勤めている．身体的には健康で，友人も多く，趣味も多彩である．母は9年前に亡くなっており，現在は80歳の父と二人暮らしである．今回の発症は1年前である．「眠れない．感情がなくなった．感じる力がなくなった．新しいコンピュータの技術などを覚えられない．同僚の秘書は私のことを怠け者と思っている．同僚は自分を無視したりどなりつけたりする．人々が私のことを噂している．人々が私を追いかけてくる」などと訴えた．自分自身に対してネガティブな見方をしていることや，薬物療法でなく心理療法を望んでいることから，認知療法が効果的なのではないかと考えられた．まず，認知療法が適用できるかを面接で確かめ，そのうえで，7週間の認知療法を行った．そして8週後に退院した．

　治療効果の測定には，BDI(ベック抑うつ質問紙)と，HRS-D(ハミルトン抑うつ評価尺度)が用いられた(図5-6)．BDI得点は，2週目には22点(中等度の抑うつ)，4週目は13点(非抑うつ)，7週目は9点(非抑うつ)まで下がっている．また，HRS-Dの初回は27点であり，これは「重いうつ状態」を示している．2週目には15点に下がり，退院時には5点までになった．6点未満が非抑うつレベルとされている．明らかに，認知療法開始後4週目ころから，抑うつ症状は弱まっている．

　多数の例をあつめた効果研究としては，ラッシュらの画期的な治療効果研究がある(Rush et al., 1977)．この研究では，うつ病の診断基準を満たす患者41名を対象としている．対象者41名をランダムに2群に分け，12週間にわたって，19名は認知療法を，22名は薬物療法を受けた．クライエントに治療が合わない場合，治療が中断する場合が多いのだが，中断せず12週間内の治療が

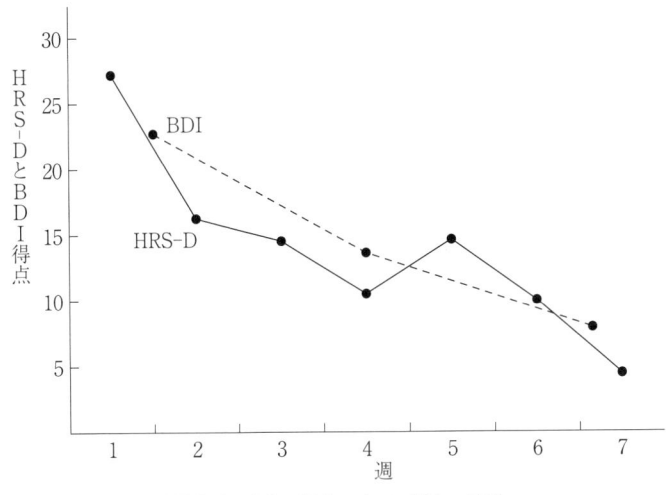

図 5-6 認知療法による症状の変化
(Blackburn, 1989 にもとづいて改変)

完全に終了したのは，認知療法で 18 名，薬物療法で 14 名であった．このように，認知療法の中断者数(1 名)は，薬物療法の中断者数(8 名)よりも，有意に少なかった．

また図 5-7 に示したように，認知療法と薬物療法によって，両群はともに有意に BDI 得点が減少した．2 つの治療法をくらべると，治療後では，認知療法のほうが有意に得点が低かった．その有効性は 3 カ月後のフォローアップまで続いていた．治療効果のアセスメント技法には十分な配慮が払われ，自己評定式の BDI のほかに，HRS-D なども併用しているが，同様の結果であった．心理的治療が薬物療法よりも効果があるという実証研究が発表されたのは，心理学史上，画期的なことであった．

第 4 章で述べたように，認知療法は，行動療法と統合されて，「認知行動療法」と呼ばれるようになった．そして，うつ病だけでなく，いろいろな症状に適用されるようになった．うつ病に対する認知療法は，アメリカ心理学会のガイドライン(第 5 章参照)では，「効果が確定された治療技法」として認定されている．

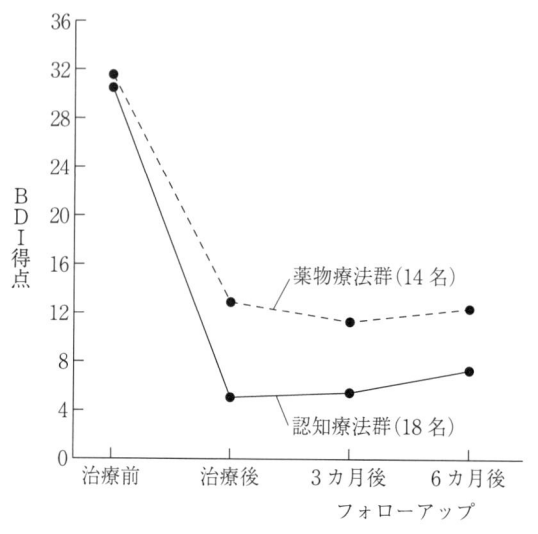

図 5-7　認知療法と薬物療法の治療効果の比較
(Rush *et al.*, 1977)

(c) 帰属療法

認知療法のひとつの技法として用いられるものに帰属療法がある．

5-3節で述べたように，一定の原因帰属スタイルが抑うつをもたらすならば，抑うつをもたらす原因帰属スタイルを改善することによって，抑うつを軽くすることができるはずである．

原因帰属の仕方を変えるためには，まず，出来事の原因としてさまざまな事柄を思いつくことが必要である（富家，2004）．たとえば，われわれは，ある人から無視されたり冷たくあしらわれた時，「自分の性格が悪いからこうなったのだ」とか，逆に，「相手が悪いからこうなったのだ」と決めつけることはないだろうか．つまり，出来事を引き起こした原因をひとつ特定してしまうと，それ以外の可能性を考えなくなるのではないだろうか．

しかし，社会的な出来事では原因がひとつに特定されることはほとんどない．たとえば友だちにあいさつしたが無視されてしまったような場合を考えてみよう．ある人は，「自分の性格が悪くて，嫌われているから無視されたのだ」と

表 5-5 集団帰属療法の構成例(富家, 2005)

1. 「Good & Bad」を書いてもらう.(モニタリング)
2. 治療者が黒板に参加者全員の Good(よかったこと)を列記する.(自己開示)
3. それがもし自分の経験だったらという前提で,どれかひとつもっともよいものを選ばせる.(共感)
4. その Best 事項を取り上げ,自分だったらどのような原因を考えつくか,板書させる.(多様な想起)
5. 黒板に並んださまざまな原因をさらにカテゴリ分類(努力,能力,運,体調,他人,時期)する.(帰属理解)
6. 最後にもっとも合理的と思わせる帰属は何かを考えさせる.(合理選択)

＊ 教室や病院の会議室などに5～10名ほどで集まれば開始できる.

考えたが,本当にそれ以外の可能性はないのだろうか.友だちへのあいさつが聞こえなかったかもしれないし,友だちが考え事をしていたり,疲れて頭がボーっとしていたりして,気がつかなかったのかもしれない.また,あいさつの声が小さくて相手に聞き取れなかった可能性もある.いくつもの可能性が考えられるにもかかわらず,われわれはある原因を思いついてしまうと,ふつうはそれ以外の可能性についてはあまり検討しない傾向があるようだ.それは,ある仮説を強くもっていると(例:自分は嫌われている),その仮説を確証するように考えてしまう傾向があるからである(これは「確証バイアス」と呼ばれる現象である).したがって,まず原因帰属を変える前に,一般的には出来事の原因として複数の原因があることを理解し,さまざまな可能性を思いつくような思考訓練を行うことが重要となる.

このようにして,原因帰属のあり方を変えることによって抑うつを軽減しようとする試みがなされている.表5-5は,そうした帰属療法のプログラムの一例である.

(d) 行動療法(抑うつの自己マネジメント)

抑うつへの治療に有効といわれている手法に**行動療法**もある.その技法のひとつに,自己マネジメント法がある.

レームによると,抑うつ的な人は,次のような自己コントロール行動の障害

がある(Rehm, 1981).

第一は自己モニタリングの障害である．抑うつ的な人は，自分の行動のポジティブなことに注意を向けず，ネガティブなことに注意を向ける．また，抑うつ的な人は，自分の行動について，長い時間的スパンにわたる将来に起こる結果には注意を向けず，直後の結果だけに注意を向ける．

第二は，自己評価の偏りである．抑うつ的な人は，自分の行動を評価する基準がきびしい(自分に対する要求水準が高い)．また，抑うつ的な人は，自分の行動について，ネガティブな原因帰属をする．つまり，ネガティブな結果を内的に帰属し，ポジティブな結果を外的に帰属する．

第三は，自己強化の偏りである．抑うつ的な人は，自分に対して，報酬(正の強化)をあまり与えない．また，自己処罰(負の強化)を多く与える傾向がある．

そこで，フックスとレームは，自己コントロールを高める治療を行った

表5-6 抑うつの自己マネジメント・プログラム(Fuchs & Rehm, 1977)

自己コントロール行動	自己マネジメント・プログラムの技法
①自己モニタリング	A 生活中のポジティブな行動を，用紙に毎日記録する　その行動にともなう気分と自己陳述も記録する B 今は不快でも将来はポジティブな結果をもたらす行動に目を向ける
②自己評価	C 実行しやすい小さな具体的目標をたてて，それを基準とする D 帰属のあり方が自己評価に決定的であることを理解する
③自己強化	E 自己報賞を増やす 　簡単な目標をたてて達成の自信をつけ，しだいに目標を困難にする 　目標を達成したら，ごほうびとなる行動を自分に許す 　目標を達成したら，言葉(ポジティブな自己陳述)で自分をほめる

(Fuchs & Rehm, 1977). 期間は6週で, 週1回1時間のミーティング(基本概念の教示と集団ディスカッション)をしたあと, いろいろなホームワークが出され, 各自が生活のなかで実行するようにしたのである.

ホームワークは, 表5-6のように, ①自己モニタリング, ②自己評価, ③自己強化の3つの時期に分かれる. このホームワークを通じて表5-6に示すように, 自分のポジティブな行動に目を向け, 自己コントロール行動を高めるスキルを獲得する.

(e) 自己注目の3段階モデルからの示唆

5-3節(d)の「自己注目と抑うつの3段階モデル」からは, 抑うつにならないための示唆が得られる(坂本, 1997). このモデルからすると, **自己注目の3つの段階それぞれにおいて, 自己注目を避けることで抑うつを避けることができる.**

(1) 自己注目の始発においては, ネガティブな出来事の後に自己注目を行うと抑うつになりやすい. したがって, ネガティブな出来事の後やネガティブな気分の時には, 自己注目を避けるようにした方がよい.

(2) 自己注目の作動においても, 自己概念がネガティブな場合は, 自己注目を避けるようにした方がよい.

(3) 自己注目の持続においても, 自己注目が長く続かないようにすることが必要である.

自己注目を止めるために有効なものとして, **問題焦点的対処**が挙げられる. 一般的にストレスに対処するやり方としては2つの対処法が区別される. すなわち, ストレスとなっている出来事(原因)そのものを解決しようとする「問題焦点的対処」と, ストレスの結果生じた不快な感情をなくし, 感情を元に戻そうとする**情動焦点的対処**である. レポートがたまってイライラしたという例を考えよう. ここで, レポートを書くために努力するという行動(例:友達に聞く, 図書館に通う)は問題焦点的対処であり, ストレスから生じる直接的なイライラを減らすためにとる行動(例:散歩をしてリラックスする, お笑いの番

組を観る)は情動焦点的対処である．ごく一般的にいうと，問題焦点的対処の方が，情動焦点的対処よりも，ストレス対処の効果が大きいとされている．

　また，自己注目を止めるために有効なものとして，**気晴らし**が挙げられる．自己に対して注目することを止めて，外界に対して注意することである．落ち込んだ状態で自分について考えても，前述の気分一致効果のため，ネガティブな考えになりやすい．したがって，気晴らしをして抑うつ気分を軽減することは重要である．少し気分を落ち着けてから考えることで，落ち込みから脱する解決策が見つかることもあろう．

まとめ

　抑うつはありふれた不適応状態である．それゆえ，臨床心理学や精神医学からのアプローチだけでなく，近年は社会心理学や認知心理学，生理心理学などの基礎心理学領域からも研究が行われている（坂本・丹野・大野, 2005）．基礎心理学領域では，実証的なデータが集められ着実に知見が蓄積しており，基礎心理学領域について知っておくと，臨床心理学を理解する上で役に立つことも多い．抑うつについては坂本ら(2005)が基礎と臨床をつなぐ本として使えるので参考にしてほしい．

問題

- 抑うつがどのようにして発生するのかを述べた心理学の理論をひとつあげ，その概略を説明せよ．
- 社会心理学の知見は，どのようにして抑うつの発生を説明する理論に活かされているのか説明せよ．

第Ⅱ部 心理的障害への応用

6 不安障害の臨床

　不安は誰でもしばしば体験する感情である．進路のこと，対人関係のこと，成績のことなど，考えれば考えるほど，不安はつのるものである．しかし，不安が強くなって生活を妨害するような状態になることがある．こうした場合も不安障害と呼ばれる．不安障害は，恐怖症，強迫性障害，パニック障害などの種類に分けられる．ここでは，まず，それぞれの症状について述べ，それをどのようにアセスメントするかについて述べる．そして，それらがどのような心理学的なメカニズムから発生するのかについて解説する．最後に，そうした理論にもとづいて行われる治療（認知行動療法）について述べる．

［キーワード］
▼

特定の恐怖症
強迫性障害
パニック障害
広場恐怖
社交恐怖
急性ストレス障害
心的外傷後ストレス障害（PTSD）
全般性不安障害
行動理論
認知理論
行動療法
認知行動療法

6-1 不安障害の症状

不安は,何かに対する強い恐怖を抱くことで生じる.軽いものであれば,経験したことがあるという人も少なくない.たとえば,対人不安意識(人から見られることに対する不安)は,思春期では半数以上の人が体験している.また,軽い強迫観念は90%以上の人が体験するという報告もあり,非常に身近な症状だといえる.

こうした不安がとても強くなって生活を妨害するような状態を**病理的な不安**と呼ぶ.病理的な不安は,以前は「神経症」と呼ばれてきた.神経症には,不安,恐怖,強迫,心気,ヒステリー,離人,抑うつなどの症状が含まれる.以前から神経症は,臨床心理学の中心的な課題であった.精神分析学,自己理論,行動病理学といった臨床心理学のおもな理論は,そもそも,神経症をどのように理解して治療するかということから発展してきたといってよい.

研究がすすむにつれて,神経症はそれぞれ別のメカニズムをもった雑多な障害の集まりであることがわかってきた.そこで,神経症の名称は使われなくなり,総称して**不安障害**と呼ばれるようになった.精神疾患の診断と統計の手引(DSM)によると,不安障害の中には,以下の8つのカテゴリーが含まれる.

(a)特定の恐怖症,(b)強迫性障害,(c)パニック障害,(d)広場恐怖,(e)社交恐怖,(f)急性ストレス障害,(g)心的外傷後ストレス障害,(h)全般性不安障害

不安症状が強くても,生活に支障をきたさない限りは不安障害とはいわない.どういった状態を不安障害と呼ぶか,その定義は診断基準DSMにおいて定められている.以下,DSM-IV-TR(2-1節参照)の示す基準に従って,これら8つについて説明する.

(a) 特定の恐怖症

たとえばクモやヘビなどの特定の動物や虫,高所,雷,暗闇など,さほど生

命の危機にさらされるような危険でもない特定の対象や状況に強い恐怖を抱くことである．DSM では，次の 5 つのタイプに分けている．
① 動物型(動物や虫への恐怖)
② 自然環境型(嵐・高所・水などへの恐怖)
③ 血液・注射・外傷型
④ 状況型(乗り物・エレベーター・飛行機・閉所などへの恐怖)
⑤ その他の型(疾病などへの恐怖)

　こうした恐怖を感じる対象に接したり，ある状況におかれると，耐えがたいほど強力で持続的な恐怖の感情がわきあがる．それほど危険なはずはないと頭では知ってはいるのだが，自分でもどうしようもない．たとえば，クモ恐怖の人は，そのクモが毒を持たないので，安全だとわかっており，その恐怖は不合理で過剰なものだと認識している．にもかかわらず怖いのである．だから，自分では不安をどうしようもないと感じてしまう．しかし，その対象や状況から離れると，恐怖は薄らぐ．そこで，そうした対象や状況を避けようとする．このような回避行動によって，日常の生活が妨害されるようになる．たとえば，高所恐怖症の人が，高いビルの上にある取引先を訪問できないとか，飛行機恐怖の人が海外出張に行けずに，昇進に影響したりする．このように恐怖症のために著しい苦痛や不便を感じる．このような状態になる場合は，**特定の恐怖症**という診断が下ることになる．

　特定の恐怖症の生涯有病率(一生のうちに一度はこの障害を持つ人の割合)は 7〜11% である．また特定の恐怖症の女性と男性の比率は 2:1 である．しかし，高所恐怖だけは例外であり，女性より男性の割合が高い．

　冒頭でも述べたが，誰でも何か怖いものがあるだろうが，DSM の診断基準に達するような恐怖症はそれほど多くない．それは，たとえクモ恐怖症とかヘビ恐怖症があったとしても，都市部で生活する人にとっては，クモやヘビで日常の生活が妨害されることはないからである．このように恐怖症によってよほど生活に支障が出ない限り，専門家の助けを求めることは少ないのが実状である．ある調査によると，恐怖症を持っている人を 100% とすると，その中で専

門家の助けを求める人は30%以下という．

(b) 強迫性障害

　強迫性障害(obsessive compulsive disorder：OCD)とは，強迫症状，すなわち**強迫観念**(obsession)と**強迫行為**(compulsion)のいずれか，あるいは両方を持つものである．それぞれについて以下で述べる．

　強迫観念とは，根拠のないバカバカしく不快な考えやイメージが，自分の意志に反しくりかえし頭に浮かぶものである．「手がばい菌だらけである」「戸締りは確認したか」などの考えである．強迫観念はその不快さゆえ，頭に浮かんだ人はできるだけ無視したり抑制したり忘れようとする．あるいは，他の思考や行為によって，それを中和しようとする．しかし，病的な強迫観念はいくら止めようと思っても，自分の意志ではどうにもならない．

　強迫行為とは，ある行為を，自分ではバカバカしいと思いつつも，それをしないと気がすまないことである．最も多いのは，洗うこと(洗浄強迫)，きれいにすること，数を数えること，戸締まりや火元などを確認すること(確認強迫)，保証を強く求めること，順番に並べることなどである．表面に現れる行為だけでなく，心の中だけで行われる行為もある．たとえば，祈ること，(心の中で)数を数えること，声を出さずにある特定の言葉をくりかえすことなどである．強迫行為は，たいてい強迫観念への対抗策(中和策)として出現する．たとえば，手にばい菌がついているという強迫観念を中和するために，くりかえし手を洗う．しかし，十分に汚れが落ちているのに手を洗いつづけるなど，明らかに過剰な行為である．また，心の中で行われる行為は，あまり現実的なものではない．そのことは自分でも自覚していて，バカバカしいと思いながら，自分で止めることができないのが特徴である．患者本人は自分の意思とは無関係に，それを行うように駆り立てられていると感じていて，第三者がこの行為を中止させると不安になる．

　強迫症状が高じると，生活を妨げるようになる．たとえば，手洗いに時間が取られすぎて，仕事ができない，あるいは戸締りを確認するあまり外出できな

いといった状態である．DSMでは，そうした行為が1日1時間以上の時間を浪費させたり，強迫症状の苦痛があまりに強く，日常生活や対人関係を妨害する場合に，強迫性障害と診断する．

強迫性障害の生涯有病率は2.5％であり，それほど高いものではない．

しかし，強迫という現象はもっと一般的にみられるものである．また，精神科を受診する人が強迫症状を持つことはかなり多い．

また，強迫という現象は，状況によっては，適応的な場合もある．たとえば，衛生状態が悪い状況でコレラが流行した時，洗浄強迫の人が感染しないですんだというエピソードがある．また，学校というところは，「答案に名前を書いたか何回も確かめなさい」，「毎日手洗いとうがいをしなさい」，あるいは，給食の「三角食べ」のように，強迫行為を強化している．むしろ，ある程度の強迫傾向を持っていたほうが，学校という環境には適応しやすいのではなかろうか．さらに，強迫観念は健常者にも珍しいものではない．後述のように，強迫観念があることそのものが異常であるというわけではないのである．正常な強迫観念のことを**侵入思考**と呼ぶ．強迫症状が異常なのは，侵入思考による苦痛度の大きさや，自分ではコントロールできないという点にある．

(c) パニック障害

パニック障害はパニック発作が長期間くりかえしおこるものである．以下，事例をあげて説明しよう．

> ある女性(34歳)は，ある日，スーパーマーケットで買い物をしているときに，突然めまいを感じ，心臓の鼓動が速くなった．冷蔵庫が自分のほうに倒れてくるように感じ，不安でいても立ってもいられなくなった．そして自分は心臓発作で死ぬだろうと思った．とにかく店の外へ逃げようと思って，やっとのことでレジまで来たものの，今度はここから出られないように感じた．
>
> その日は何とか家まで帰ったものの，その日以来，そのスーパーマーケ

ットに行こうとすると,恐ろしくなって,息切れがするようになった.「また気を失うのではないか,めまいがするのではないか」などと考えてしまう.やがて,このような発作を恐れて,外出することもできなくなった.

パニック発作とは,とくに思いあたる理由もないのに,動悸,胸痛,息苦しさ,冷や汗などが突然おこり,死ぬのではないかと恐怖を感じることである.DSM の定義によると,以下の13症状のうち4つ以上が突然発現し,10分以内に頂点に達するものである.

①動悸,心悸亢進,心拍数の増加,②発汗,③身震い,震え,④息切れ感,息苦しさ,⑤窒息感,⑥胸痛,胸部不快感,⑦嘔気,腹部の不快感,⑧めまい感,ふらつく感じ,気が遠くなる感じ,⑨現実感消失(現実でない感じ),離人症状(自分が自分でない感じ),⑩コントロールを失うことへの恐怖,気が狂うことへの恐怖,⑪死ぬことへの恐怖,⑫異常感覚(感覚麻痺,うずき感),⑬冷感,熱感.

パニック発作が身体のどこに現れるかをみると,大きくふたつの型,息苦しさを中心とする呼吸器型(過呼吸発作型)と,動悸や胸苦しさを中心とする心臓胸部型(心臓神経症型)に分かれる.1度や2度のパニック発作であれば,たまたま体調が悪かったなどで特に問題はない.しかしパニック発作が何回か続くと,今度は,いつ発作がおこるかを恐れる状態になる(予期不安).また,パニック発作が心臓の病気によるものではないかとか,このまま発狂するのではないか,といったことを心配して,不安が慢性化する.

パニック発作が何回も続き,不安が1カ月以上続くものを**パニック障害**という.当然のことながら,パニック障害と診断するためには,心臓や呼吸器などの身体疾患の医学的検査が十分行われて,身体疾患によるものでないことが明らかとならなければならない.このようなしっかりした医学的検査と診断が重要である.

パニック障害の生涯有病率は1〜2%である.また,精神科に相談に来る人

の約10%はパニック障害と診断される.

パニック障害という診断を満たさなくても,一過性のパニック発作であれば,多くの人が体験している.大学生を対象にした調査によると,これまで人生で何らかのきっかけでパニック発作がおきたことのある人は,60%にのぼった(Craske et al., 1995).最近3カ月でみても42%が,パニック発作の経験があった.大学生に「病気でもないのに,心臓がドキドキしたり,呼吸が苦しくなり,いまにも倒れるのではないかと不安になった体験」の有無について質問した調査では,37%が経験があると答えている.

(d) 広場恐怖

広場恐怖(アゴラフォビア)とは,DSMによると,パニック発作がおきたら逃げられない場所にいることが不安になることである.その結果,家の外にひとりでいること,混雑の中にいること,列に並んでいること,橋の上にいること,バス・電車(汽車)・自動車で移動することなどができなくなってしまう.そのために,上のような状況が回避されて,たとえば旅行に行けなくなったりする.

アゴラフォビアは,現行のDSM-Ⅳ-TRの邦訳版では「広場恐怖」と訳されているので,本書でもこの訳語を採用しておく.しかし,アゴラフォビアは,乗り物の中などでもおこり,必ずしも広場でおこるものではないので,「空間恐怖」と呼ぶほうがわかりやすいように思われる.

広場恐怖は,これまで恐怖症の一種ととらえられてきた.しかし,近年,パニック障害の研究が進むにつれて,広場恐怖の発生の考え方は,大きく変わってきた.つまり,広場恐怖は,パニック障害の二次的な産物と考えられるようになった.パニック障害の予期不安が強くなり,パニック発作がおこった時に逃げられない場所にいることを怖れるようになる.こうして,乗り物に乗ることができなかったり,特定の場所に行けなくなる.こうした状態が広場恐怖であると考えられている.DSMによると,臨床場面では,広場恐怖を示している人のほとんどがパニック障害を持っている.

また，この症状の初発年齢の平均を調べた研究によると，社会恐怖は15.7歳，特定の恐怖症は16.1歳であったのに対し，広場恐怖（パニック発作のあるもの）は26.3歳であり，かなりの違いがある（Thyer *et al.*, 1985）．この点からも広場恐怖はふつうの恐怖症とは異なることがわかる．

（e）社交恐怖（社会不安障害）

社交恐怖とは，人前で恥をかいたり，恥ずかしい思いをすることを恐れることである．知らない人と会う場面とか，人からじろじろ見られたりするような場面で，強い恐怖を感じる．

以下，事例をあげてみよう．

　　大学1年のMさんは，東京の大学に通っている．Mさんは大学のクラスにとけ込めずに苦しんでいる．地方の高校を出ているのだが，高校時代からクラスにとけ込めないところがあった．東京の大学に進学してからその傾向が強まった．まわりは都会的な人ばかりで，地方出身の自分とは違っているような気がして，うまくとけ込めず，苦しい．まわりの学生に自分から話しかけることもできず，誰とも話さないで，大学で授業だけ出て帰ってくることもたびたびである．そんな毎日がいやだ．しかも授業中に発表をしなければならないことがあると，とても緊張して耐えられない気分になる．

　　クラスの知人と話すときでも，授業やサークルのこととか事務的なことを話す場合は多少間が持つ．しかし，趣味の話など雑談をするような場面になると，何を話してよいのかわからず困ってしまう．相手からバカにされているのではないか，自分が変なことを話してしまっているのではないか，他人を傷つけてしまい相手から嫌われるのではないかと考えて，緊張してしまい，何を言ってよいかわからなくなる．そして，いつも自分だけがその場から取り残されたような気になってしまう．そんな時，どうしたらよいのかわからなくなり，頭の中が真っ白になってしまう．自分が変な

目つきをしているから，まわりの人が怖がって話しかけてこないのではないかと気になったりする．自分の汗や体臭が臭うのではないか，まわりの人に不快感を与えているのではないか，だからまわりの人から嫌われているのではないか，と不安はどんどん広がっていく．

　社交恐怖の人は人と接する場面で，人から悪い評価を受けるのではないかと怖れる．また，自分が恥をかいたり，間の悪い思いをするのではないか，自分が不安を感じていることがまわりにわかってしまうのではないかと恐れる．そして，その不安から強い苦痛を感じ，身体にも震え，吐き気などの症状が生じて，日常生活に支障をきたしたりする．さらに，不安による苦痛や身体への影響を恐れて，不安を感じる社会的場面を避けるようになる．たとえば，会話，グループ，デート，パーティ，目上の人との接触，人前でのスピーチ，会食などの特定の場面である．こうした回避が強くなり，日常生活が妨害されるようになると，社交恐怖（ソーシャルフォビア）と診断されることになる．ソーシャルフォビアは，これまでは「社会恐怖」とか「社会不安障害」と訳されてきたが，DSM-IV-TRの邦訳版から「社交恐怖」と訳されるようになった．

　社交恐怖の生涯有病率は，研究によって，3～13％とかなりの幅がある．

　社交恐怖は日本では，「対人恐怖症」と呼ばれてきた．これには以下のような症状も含まれる．

① 赤面恐怖（人前で顔が赤くなることを悩む）
② 表情恐怖（自分の顔がこわばっていることを悩む）
③ 自己視線恐怖（自分の視線が鋭いので，相手に不快な感じを与えてしまうのではないかと悩むもので，正視恐怖ともいう）
④ 自己臭恐怖（自分の体からある種の臭いが出ていて，そのために人に迷惑をかけ嫌われるのではないかと悩む）

　対人恐怖症には，弱いものから強いものまで，さまざまな程度がある．ふつうの人にもみられる軽いものを「対人不安」と呼び，シャイネス，対人緊張，気おくれ，あがり，人見知りなどが含まれる．

また，特定の場面での不安を表す用語として，デート不安，異性不安，会食不安，スピーチ不安といったものもある．

（f）急性ストレス障害

自然災害や事故，犯罪事件などに巻き込まれて，生死にかかわるような体験をして，強い恐怖や無力感，戦慄を体験することがある．これを**心的外傷**(トラウマ)と呼ぶ．そうした体験を，後になってもくりかえし思い出したり，夢に見たりすることがある．とくに目覚めているときに，危険な場面の記憶が鮮明に意識に侵入することを，**フラッシュバック症状**という．こうした場合には，強い不安感がともない，場合によっては，イライラしたり警戒心が強くなる覚醒症状も伴う．そして心的外傷に関係した対象を回避するようになり，日常生活を妨害することになる．こうした状態を**急性ストレス障害**(Acute Stress Disorder：ASD)という．

（g）心的外傷後ストレス障害

急性ストレス障害の症状が1カ月以上続く場合は，**心的外傷後ストレス障害**(Post Traumatic Stress Disorder：**PTSD**)と診断される．症状が1カ月以内になくなった場合は，診断されない．したがって，心的外傷から1カ月たつまでは心的外傷後ストレス障害と診断することはないのである．

なお，心的外傷を体験した人のすべてが急性ストレス障害や心的外傷後ストレス障害になるわけではない．いくつかの研究によると，急性ストレス障害の発症は，強い心的外傷を体験した人の14〜33%である．

（h）全般性不安障害

全般性不安障害の基本的な特徴は，日常のいろいろな出来事に対する過剰な「心配」である．ある出来事への心配が6カ月以上，心配がおこる日の方が，おこらない日よりも多い状況であること．そして，それによって著しい苦痛を感じ，生活が妨害される状態を**全般性不安障害**と呼ぶ．

一般的に生活上の出来事について心配することはよくある．明日の試験は成功するだろうか．今度のデートはうまくいくだろうか．最近，体の調子が悪いが，死に至る病ではないか，大丈夫だろうか．心配の種は尽きない．元来の性格として心配性の人はいるものだが，そうした心配が慢性的になり，自分でコントロールすることが難しいと感じるようになると，全般性不安障害と診断される．

この障害を持つ人は，緊張感，易疲労性，集中困難，イライラといった心理的症状や，筋肉の緊張，睡眠障害といった身体症状が伴うことも多い．

全般性不安障害の生涯有病率は5%である．

心配そのものは，他の不安障害にもよく見られる．心配の内容によって，もし他の不安障害に当てはまる心配の場合は，そちらの診断が優先される．たとえば，パニック発作がおこって倒れてしまうのではないかという心配の場合は，パニック障害の診断が優先される．また，人前で恥ずかしい思いをするのではないかとい心配が強い場合は，社交恐怖の診断が優先される．他の不安障害にあてはまらない心配の場合だけ，全般性不安障害と診断される．

6-2　不安障害のアセスメント

不安障害の診断のためには，きちんとしたアセスメントが必要である．不安症状のアセスメントには，①診断面接基準，②症状評価尺度，③症状評価質問紙がある．

第3章で述べた代表的な診断面接基準や，包括的症状評価尺度，包括的症状評価質問紙の中には，不安症状のアセスメントが含まれている．

また，不安症状をはかるための個別的な症状評価尺度も作られている．これには，ハミルトン不安尺度(Hamilton Anxiety Scale：HAS)などがある．さらに，表6-1に示すように，不安症状をはかる質問紙法が多く作られている．

初期には，不安の重症度をはかる質問紙が多く作られた．有名なものとして，表6-1に示す状態-特性不安質問紙(STAI)がある．これは，スピルバーガー

表6-1 不安症状をはかる症状評価質問紙

症　状	略　称	名　称	発表者 (発表年)	項目数
不安の 全体的重症度	STAI	状態-特性不安質問紙 State-Trait Anxiety Inventory	Spielberger et al.(1970)	40
	MAS	顕在性不安尺度 Manifest Anxiety Scale	Taylor (1953)	50
	SAS	自己評価式不安尺度 Zung Self-Rating Anxiety Scale	Zung(1971)	20
	BAI	ベック不安質問紙 Beck Anxiety Inventory	Beck et al. (1988)	21
恐怖症状	FQ	恐怖症質問紙 Fear Questionnaire	Marks & Mathews(1979)	20
強迫症状	LOI	レイトン強迫質問紙 Leyton Obsessional Inventory	Cooper (1970)	69
	MOCI	モーズレイ強迫質問紙 Maudsley Obsessional Compulsive Inventory	Hodgson et al. (1977)	30
	Y-BOC	エール・ブラウン強迫性障害質問紙 Yale-Brown Obsessive Compulsive Scale	Goodman et al. (1989)	68
	PI	パデュア強迫質問紙 Padua Inventory	Sanavio (1988)	60
パニック発作	ASI	不安感受性指標 Anxiety Sensitivity Index	Reiss et al. (1986)	16
広場恐怖	ACQ	広場恐怖認知質問紙 Agoraphobic Cognitions Questionnaire	Chambless et al.(1984)	14
社交恐怖	SPS	対人恐怖尺度 Social Phobia Scale	Mattick et al. (1989)	20
	SIAS	対人相互作用尺度 Social Interaction Anxiety Scale	Mattick et al. (1989)	20
	SPAI	対人恐怖不安質問紙 Social Phobia and Anxiety Inventory	Turner et al. (1989)	45

症　状	略　称	名　称	発表者(発表年)	項目数
社交恐怖	SAD	対人回避苦痛質問紙 Social Avoidance and Distress Scale	Watson et al. (1969)	28
	FNE	否定的評価懸念尺度 Fear of Negative Evaluation Scale	Watson et al. (1969)	30
	IAS	相互作用尺度 Interaction Anxiety Scale	Leary (1983)	15
	AAS	聴衆不安尺度 Audience Anxiety Scale	Leary (1983)	12

の不安理論にもとづいて開発されたものである．彼は，**状態不安**(state anxiety)と**特性不安**(trait anxiety)とを区別した．前者は，何らかの刺激によって喚起される一時的な反応としての不安のことであり，後者は，一貫したパーソナリティ特性としての不安のことである．STAIは両者を分けてはかるように作られている．状態不安については，「イライラしている」「緊張している」といった20項目をあげ，たったいま，この瞬間に自分に当てはまるものを選ぶ．これに対し，特性不安については，「疲れやすい」「泣きたいような気持ちになる」といった20項目をあげ，そうしたことが，ふだんどのくらいの頻度でおきるかを自己評定する．

　前述のように，その後，不安障害は別々のメカニズムをもった雑多な障害の集まりであることがわかってきたので，アセスメントも，恐怖症，強迫症状，パニック発作，社交恐怖といったように，個々の不安症状ごとに行われるようになってきた（表6-1参照）．

コラム 6-1　不安障害の二面性：不安障害の進化論的理解

　不安障害は，確かに生活を妨害して不適応を導くという点ではネガティブな

現象である．しかし，不安障害には，人間の生存において必要になるというポジティブな側面もある．

たとえば特定の恐怖症について考えてみると，恐怖症状の多くは，幼少時には生存にとって意味がある．これについては，動物恐怖症を例にみると，幼少時には自分で身を守れないという点から動物や虫に安易に近づくことは危険であることからわかる．

不安障害の二面性についてわかりやすい例は，高所恐怖である．都会では，高層ビルで仕事をしたり住んだりすることが多くなっている．高層ビルの仕事場が怖くて仕事ができない場合は高所恐怖と呼ばれることになる．とはいえ，高所からの転落は死につながるので，高いところにいて恐怖を覚えるのは当たり前である．むしろ，逆に，高い所にいても恐怖を感じなくなってしまうことのほうが危険である．このことを，災害時の心理を研究している安倍の報告するエピソードから考えてみよう（安倍，1983）．

ある女優が，北海道のホテルの5階に泊まっていたとき，1階から火災が発生した．火は下から迫ってきて，彼女らは5階に閉じ込められた．煙が部屋に充満して，窓から顔をだして空気を吸った．そのうち，窓から下をのぞくと，地上5階の距離が，「飛び降りれば何とかなる距離」に見えてきたというのである．そんなはずはない，ここは5階だ，そう思って何回も下をのぞくが，地上の物がすぐ近くにせまって見える．この高さなら何とかなる，窒息死するくらいなら飛んだほうがよい，そう思うと，飛びたいという気持ちは強い誘惑に変わった．そして，今度はその誘惑に耐えることが苦痛になったという．

結局，この女優は飛ばなかった．梯子で助けられたのである．ところで，彼女は，火災がおさまったあと，例の5階の窓から下を見て，ゾッとした．とても「飛びおりれば何とかなる距離」ではなかったからである．実際，この火災では，墜落死した人がいたという．

一般にビル火災では，窓から墜落死する人が出ることがある．なかには，必死にこらえれば助かったかもしれないのに，救助を待ちきれず身を投げてしまう例もある．人間の距離知覚は，外界をそのまま写し出すカメラのようなものではなく，強い期待や欲求によって，容易に歪んでしまう．だから，墜落死の現象は，ひとつには，このような奥行き知覚の歪みと関連するであろう．

この例が示すように，高い所にいても恐怖を感じなくなってしまうことのほうが危険である．高所に対する恐怖は，人間の生存において必要である．

> また，本文で述べるように，パニック障害も，窒息を防ぐための呼吸維持システムと関係している．実際には窒息の危険はないのに，呼吸維持システムが何らかの原因で誤報を受けて過敏となった状態がパニック発作であるという仮説がある．
>
> このように，不安障害は，もともと生物学的な意味があり，生命維持に役立っている．不安のない生物は，進化の過程で生き延びてこれなかったのだろう．恐怖や不安は人間の生存と進化において必要であった．しかし，不安が何らかの原因で暴走し，コントロールできなくなったのが不安障害である．

6-3 不安障害の異常心理学

不安障害のメカニズムについての理論はたくさんあるが，ここでは代表的な4つを述べる．①素因ストレスモデル，②古典的条件づけ理論，③オペラント条件づけ理論，④認知理論である．②〜④は，それぞれ，特定の恐怖症，強迫性障害，パニック障害の説明として発展してきたものである．

(a) 不安障害の素因ストレスモデル

第2章で述べた**素因ストレスモデル**は，不安障害についてもあてはまる．

不安障害になりやすい素因は，1-1節で述べた性格5因子論（ビッグファイブ）の第1次元の「神経症傾向」である．神経症傾向の強い人は，敏感であり，ストレスがあると不安をもちやすく，神経症（不安障害）になりやすい．

また，この神経症傾向という性格には，生物学的な基盤があると考えられる．アイゼンクは，この神経症傾向は，自律神経系の安定度によって決まると考えた（1-4節参照）．すなわち，神経症傾向とは，自律神経系が不安定であり，興奮しやすい傾向のことを表している．

このような素因を持った人が，何らかのストレスを体験した場合に不安障害が生じると考えられる．そうしたストレスが，どのように不安と結びつくのかを説明するのが，次の行動理論である．

（b）古典的条件づけによる恐怖の獲得(恐怖症の行動理論)

行動理論では，人間の性格とか自己というものは，学習の原理に従って，後天的に獲得された習慣の束であると考える．学習の原理とは，古典的条件づけやオペラント条件づけなどのことを指している．不安障害などの不適応行動も，その例外ではなく，学習の原理に従って獲得されたものであると考える．

不安障害がなぜおこるのかの説明としては，マウラーの二過程理論が有名である．マウラーは，不安や恐怖の獲得を古典的条件づけによって説明し，不安の維持をオペラント条件づけによって説明した．これについて，以下説明しよう．

まず，第一の過程では，不安や恐怖が，古典的条件づけの原理によって獲得されるとする．人や動物には，もともとある刺激に対して，特定の反応をする仕組みが備わっている．たとえば，大きな音がすると驚愕反応がおこる．この場合，大きな音を**無条件刺激**と呼び，驚愕反応を**無条件反応**と呼ぶ．

この無条件刺激と，もともとは何も感情を引きおこさない刺激が，くりかえして何回も提示されると，古典的条件づけが生じる．恐怖を引きおこす刺激と結びつくことによって，それまで何でもなかった刺激が恐怖を引きおこすようになる．このようにして恐怖を引きおこすようになった刺激を**条件刺激**と呼び，新たに引きおこされるようになった反応を**条件反応**と呼ぶ．

このことを示す有名な実験がある．ワトソンらの恐怖獲得の実験である(Watson & Rayner, 1920)．生後11カ月のアルバート坊やは，はじめ白ネズミやウサギをこわがっていなかった．ワトソンは，アルバートに，白ネズミを見せながら，後ろで大きな音を出した．アルバートはびっくりして泣き出してしまった．赤ん坊が大きな音によってびっくりするのは，人がもともと持っている無条件反応である．この時に，それまで無関係だった刺激(白ネズミ)を何回か繰り返して提示したのである(**対提示**という)．すると，アルバートは，白ネズミを見るだけで泣き出すようになった．

この変化は，パヴロフのいう古典的条件づけによって説明できる．古典的条件づけによって，白ネズミは恐怖を引きおこす条件刺激に変わった．つまり，

もともとは無条件刺激(大きな音)→無条件反応(驚愕反応)という結びつきが存在した．そこへ，対提示による古典的条件づけがおこったので，条件刺激(白ネズミ)→条件反応(驚愕反応)という結びつきができてしまったのである．

こうした実験は，動物恐怖が，学習によって獲得されることを示している．つまり，恐怖症の獲得を古典的条件づけで説明している．

動物恐怖の他に，たとえば，子供の白衣恐怖といった現象も古典的条件づけで説明できる．病院で予防注射を受ける子供は，はじめは注射が痛いので恐怖を感じている．無条件刺激(注射)→無条件反応(恐怖)という結び付きが存在する．注射をするのは，いつも白衣を着た医師である．そこで，対提示による古典的条件づけがおこり，条件刺激(白衣)→条件反応(恐怖)という結びつきができてしまうのである．

(c) オペラント条件づけによる回避行動(強迫行為の行動理論)

マウラーの二過程理論の第二の過程は不安の維持である．これはオペラント条件づけで説明される．

オペラント条件づけというのは，動物がある場面で，ある行動をとった時に，賞罰などの強化が与えられると，その行動が変化するという原理である．たとえば，サーカスで動物に芸を教える場合に，このような原理を用いる．オペラント条件づけの原理は，人間においてもあてはまる．人間も，一般に，賞を与えられると，その行動が増えるようになるし，罰を与えられると，その行動が減る．

不安の維持については，次のように説明する．不安を感じている時に，たまたま何かほかの行動をしたら不安が和らいだという場合，「不安の低減」が強化となって，オペラント条件づけがおこり，その行動が学習される．そして今度は，似たような場面で，不安を予期するだけで，その行動を儀式的にくりかえすようになる．

たとえば，図6-1に示すように，人前で不安を感じたときに，その場面を回避して引きこもったら，不安がなくなったとしよう．そういう体験をすれば，

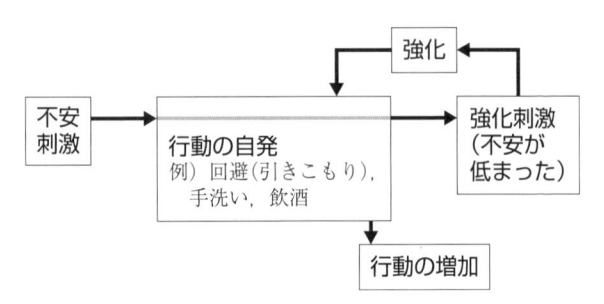

図 6-1　オペラント条件づけによる不安の維持

不安の低減が「強化」となり，その回避行動(引きこもり)が学習されてしまう．そして，似たような対人場面に直面すると，いつも回避行動をとってしまうことになる．前述のように，恐怖症の人は，恐れている対象に近づくことを回避する．社交恐怖の人は対人関係を避けるようになる．こうした回避行動はオペラント条件づけの原理によると考えられる．

人前に出ると，ふつうは時間が経つにつれて不安が弱まっていくものであるが，こうした回避行動をとると，一時的に不安は減るのだが，人前に出る不安そのものは改善されないのでずっと維持されてしまう．だから，社交恐怖はずっとなくならないのである．

また，たとえば，もともと不潔恐怖を持っている人は，手にばい菌がついているという不安を感じたときに，手を洗えば，その不安が弱まる．しかし，不安が低減したことが「強化」となって，手を洗う行動が学習される．そして，不安を予期しただけで儀式的に手を洗うようになる．これが「洗浄強迫」という強迫行為である．このように，強迫行為もオペラント条件づけの原理によって学習され，維持されると考えられる．

そしてふつうは手が汚れているという不安は，時間が経つにつれてしだいに弱まっていくものであるが，手洗い行動をとると，一時的に不安は減るのだが，不潔恐怖そのものは，改善されないので，ずっと維持されてしまう．不安が減ったとしても，実は時間の経過によって減ったものなのに，手を洗ったために不安が減ったと思いがちである．

したがって，回避行動や強迫行為を治療するためには，そうした行動を制止して「強化」がおこらないようにする．これが後述するエクスポージャー法(6-4節(a))や反応制止エクスポージャー法(6-4節(b))である．

　もうひとつ例をあげると，不安になった時に，たまたまお酒を飲んで，不安が忘れられたとしよう．そうなると，次に不安になったときにも，またお酒を飲むことが増えるだろう．このように，飲酒によって「不安がおさまった」ということが快感(強化刺激)となり，飲酒行動が「強化」される．それによって，飲酒行動が増加する．この場合，不安をもたらした状況を改善しようと努力するのではなく，飲酒によって手っ取り早く不安を忘れようとするわけである．だから，いつまでも根本的な原因がとりのぞかれないため，不安はずっと維持されることになる．

(d) 認知理論(パニック障害の生理モデルと認知行動モデル)

　パニック障害は，6-1節で述べたように，とくに思い当たる理由もないのに，動悸，胸痛，息苦しさなどが突然おこるものである．したがって，生理学的なメカニズムが関与していることは明らかである．これについては，「窒息-誤警報仮説」または「ノルアドレナリン-青斑核仮説」と呼ばれる仮説がある．脳の青斑核という部位は，もともとは窒息を避ける役割を持っている．血中の炭酸ガス濃度が上がると，延髄の呼吸中枢が働き，呼吸促進がおこったり，その場から逃げ出して新しい空気を吸ったりする行動が誘発される．その呼吸中枢に指令を出しているのが青斑核である．これは正常なメカニズムであるが，何らかの原因で，青斑核の働きが過敏となり，青斑核が誤報を出して，呼吸中枢を誤って活性化させたとする．すると，窒息の危険はないのに，呼吸促進がおこったり(パニック発作)，その場から逃げ出して新しい空気を吸ったりする行動(回避行動)が誘発されるだろう．これがパニック障害であると考えられる．

　一方，認知的要因も重要である．クラークは，**認知理論**の考え方から，パニック障害がおこる心理的メカニズムを図6-2のように表した．そしてこれをパニック障害の認知行動モデルと呼んだ(Clark, 1986)．図6-2は，クラークの

理論をABC図式で表したものである．ABC図式とは，第5章の図5-1で述べたように，抑うつの認知療法で用いられる図式である．Aは引き金となる刺激，Bは認知，Cは認知によって引きおこされた感情である．この図6-2では，Dとして身体・生理のレベルをつけ加えている．以下，この図でパニック障害を説明しよう．

A 何か不安の引き金となる出来事があったとする．6-1節(c)の女性の事例でいえば，以前にパニック発作をおこしたスーパーマーケットにいるといったことである．

B そうした出来事は，脅威(危険なもの)と知覚される．

C その結果，軽い不安が生じる．

D 軽い不安によって，動悸・息切れ・体の震えといった不安の身体感覚が引きおこされる．

B こうした不安の身体感覚が，「この状況ではふさわしい身体感覚だ」と認知された場合は，気にならない．ここまではふつうにもよくあるもので，不安に深入りせずにすむ．ところが，その身体感覚を，破局的(カタストロフィック)であると認知すると話は変わってくる．前述の例で「心臓がドキドキするのは，心臓発作の前兆ではないか」，「息切れがするのは呼吸が止まる前兆ではないか」，「体が震えているのは気が狂ってしまう前兆で

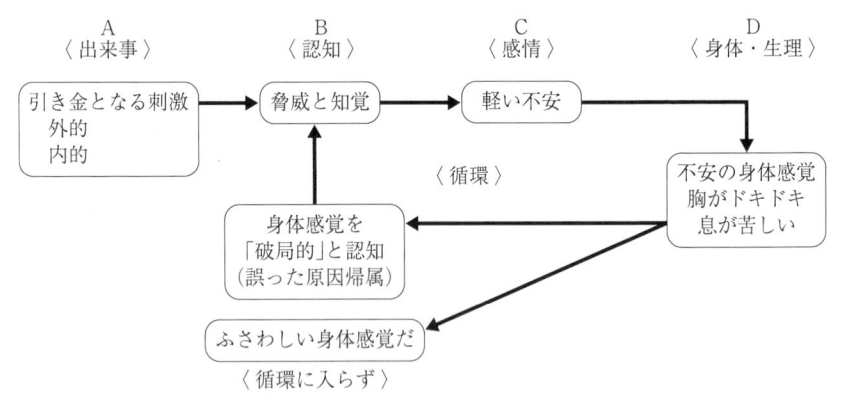

図6-2 パニック障害の認知行動モデル(Clark, 1986)

はないか」のように認知した場合である．このように，正常な不安の身体感覚を誤って認知してしまうと，脅威はますます強まる．
D　さらに強い不安の身体感覚を引きおこす．
B　さらに破局的であるという認知を強める．

このように認知と生理的反応が互いに増強していく悪循環がおこり，その絶頂でパニック発作がおこるのである．ここで悪循環に入るか入らないかの分かれ目は，不安の身体感覚をその状況にふさわしい感覚だと認知するか，破局的なものだと認知するかという点にある．すなわち，認知の仕方が分かれ目なのである．したがって，不安の身体感覚をふさわしい感覚だと認知すればパニック発作はおこらないわけである．

パニック障害についての基礎心理学的研究が多く行われ，このモデルを支持する証拠はたくさんある．エーラーズらは，パニック発作を持つクライエントと健常者を対象として，心拍数を測定している時に，突然心拍数が増加したという偽のフィードバックを与えたところ，認知的指標・生理的指標ともに，パニック発作を持つクライエントのほうが，不安が強まったという例を報告している (Ehlers et al., 1988)．

以上のような認知行動モデルは，パニック障害だけでなく，強迫性障害，社交恐怖，心的外傷後ストレス障害などについても応用された．

このモデルに従って，後述の認知行動療法が行われる．

6-4　不安障害の治療

不安障害に対する治療は，薬物療法や心理療法などを総合的に行う必要がある．

薬物療法は不安障害に対して大きな効果がある．現在，最も多く用いられている抗不安薬はベンゾジアゼピン誘導体と呼ばれている薬物である．この薬物は，中枢神経で作用する場合，抑制系神経であるGABA作動性神経の受容体に作用してGABAの神経伝達機能を賦活すると考えられている．不安除去や

静穏馴化作用と同時に，筋弛緩作用や抗けいれん作用も持つ．主な副作用は，眠気，ふらつき，めまいなどである．また，依存性が高いものや，耐性(薬に慣れてしまい少ない量では効かなくなること)が早く形成されてしまうものもあるので，使用には十分注意を払う必要がある．渡部は，ベンゾジアゼピン系薬物投与の医師に対する一般的注意を以下のように指摘している(渡部，1994)．

① 軽微な症状でなく重篤な不安症状の改善に使用すること．
② 安易に症状の軽減のみを目的とせず，基礎疾患の診断・治療を優先する．
③ 薬物乱用あるいは誤用の経験のある患者には使用しない．
④ 患者の精神機能を奪うほど大量投与しない．
⑤ 乱用あるいは誤用されたときのために，離脱の処置に精通しておく．
⑥ 長期服用は常に依存の可能性があることを考慮して処方する．
⑦ 余分に処方せず，外来診察間隔にあわせて処方する．
⑧ 患者にアルコールや他の中枢抑制剤との相互作用について十分注意しておく．
⑨ 患者自身のみが使用するように注意する．また，子どもの手のとどかないところに保管するよう注意する．
⑩ 薬は治療計画の一部分でしかないことを患者に説明しておく．

一方，近年では，新しいタイプの抗うつ薬を中心薬として処方し，ベンゾジアゼピン系薬物を補助的に用いる傾向が強くなってきた．以下，近年の不安障害の薬物療法を概説する(傳田，2007)．

パニック障害には，原則として抗うつ薬のSSRI(選択的セロトニン再取り込み阻害薬)や三環系抗うつ薬を単剤(一種のみ)で用い，ベンゾジアゼピン系抗不安薬を頓用(症状が悪いときだけ用いる)する．薬物療法を1年以上継続すると再発が抑えられるといわれている．

社交不安障害の薬物療法の第一選択はSSRIである．ベンゾジアゼピン系抗不安薬は補助的に用いられる．SSRIが無効な場合はSNRI(セロトニン・ノルアドレナリン再取り込み阻害薬)や三環系抗うつ薬が用いられることもある．強迫性障害の第一選択薬もSSRIである．ただし，効果が発現するまでに6

～8週間以上かかり，投与量もうつ病よりも高用量になる場合が多い．それでも効果が出ない場合は他の作用をもつ薬を併用する．

薬物療法と同時に，心理療法も大切である．以下では，不安障害に対して治療効果が確かめられている行動療法と認知療法について述べる．

（a）恐怖症に対する行動療法

行動療法の原理　前述のように，行動理論では，恐怖症は，古典的条件づけの原理に従って獲得されると考える．もしそうであるならば，同じ原理に従って，逆に，不安反応を消すこともできるはずである．このことを証明したのは，ジョーンズの「動物恐怖の消去」の研究である(Jones, 1924)．一度学習した反応をしなくなることを消去という．

2歳のピーター少年は，原因はわからないが，白ネズミやウサギ，毛皮などに対して，ちょうどアルバート坊やと同じような恐怖症状を持っていた．

ジョーンズは次のような手続きによって，ピーターの恐怖を消去していった．最初，ピーターにお菓子を食べさせたり抱いたりしながら，4m先にウサギを見せる．それが平気になったら，ウサギを1mずつ近づける(古典的条件づけ)．また，ピーターがウサギに近づくと，実験者はほめる(オペラント条件づけ)．さらに，他の子供が平気でウサギと遊んでいるところをピーターに見せた．以上のようなことを行った結果，ピーターはウサギに手を触れて遊べるようになった．ピーターはもはやウサギをみても怖いことはおきないことを学習しなおしたのである．その結果，動物恐怖は消えてしまったのである．

このように，学習の原理に従って，恐怖症をなくすことも可能である．学習の原理に従って，不安反応の症状を消去したり，適応的な行動習慣を再学習するのが**行動療法**である．

行動療法のいろいろな技法：刺激統制法　行動療法には，いろいろな技法がある．表6-2に示すのは恐怖症に対して用いられる技法である．大きくは，刺激統制法と反応統制法に分けられる．

表6-2 恐怖症に対する行動療法のいろいろな技法

	刺激統制法		反応統制法
	弱い恐怖刺激から	強い恐怖刺激から	逆制止療法 ヤコブソン法 自律訓練法 バイオフィードバック法
実物で	現実エクスポージャー法	実物フラッディング法	
イメージ上で	イメージエクスポージャー法	イメージフラッディング法	

　刺激統制法とは，不安のもとになる刺激をコントロールする方法である．

　代表的な方法は**エクスポージャー法**(刺激暴露法)である．これは，弱い刺激から強い刺激へと順に慣れていくことによって不安を解消しようという方法である．たとえば，高所恐怖症ならば，最初はビルの2階の高さに慣れる訓練をし，次に3階，4階としだいに強い刺激に挑戦していく．

　以上のような方法を，実際の恐怖刺激に対して行う場合(例：高所恐怖の場合，実際にビルの2階に行く方法)と，イメージ上で行う場合(例：ビルの2階に行くことを頭の中で思い浮かべて訓練する方法)がある．前者を現実エクスポージャー法，後者をイメージエクスポージャー法という．よく用いられているのは現実エクスポージャー法であり，こちらを単にエクスポージャー法という場合が多い．

　エクスポージャー法を行う場合には，まず不安階層表を作成する．不安を感じる場面を10～15あげてもらい，0(全く不安を感じない)から100(非常に強い不安を感じる)で不安の強さを評価してもらう．これを「自覚的障害単位」という．それを不安の強い順に並べる．表6-3は，ある社交恐怖のクライエントが作成した不安階層表である(金井，2008)．

　不安階層表の50点程度の場面からエクスポージャー(刺激への暴露)を始める．エクスポージャーを行うと強い不安が喚起されるが，回避しないで，自然に不安が弱まるまで続ける．「この場面を回避しなくても，自分は大丈夫だ」ということを学ぶことが大切である．この場面での不安が弱まったら，次に，不安のより強い場面へのエクスポージャーを行う．

　表6-3に示すクライエントは，社交恐怖のために通学の電車に乗れなくて困

表 6-3　社交恐怖のクライエントの不安階層表とエクスポージャー法の事例 (金井, 2008)

不安を感じる場面	自覚的障害単位*		
	3回目**	6回目	8回目
1　好意をもっている女性と食事する	100	100	40
2　人前で失敗を指摘されて注目を集める	95	90	70
3　好意をもっている女性と会話する	90	60	30
4　電車内や学校で同世代の人に笑われる	88	40	50
5　初対面の女性と食事する	85	70	40
6　電車で隣にいる人が女性の場合	80	50	10
7　1人でＡ線のラッシュ時の電車に乗る	80	20	0
8　他者から鋭い目つきの視線を浴びる	75	60	60
9　暑くもないのに汗をかき(緊張による発汗)，それを人に見られる	70	40	30
10　緊張して手が震えるのを人に悟られる	70	30	40
11　友人とＡ線のラッシュ時の電車に乗る	65	0	0
12　初対面の女性と会話する	50	40	20
13　電車で隣にいる人が男性の場合	40	0	0
14　友人と空席のあるＡ線の電車に乗る	40	0	0
15　1人で空席のあるＡ線の電車に乗る	30	0	0

　　*　「自覚的障害単位」とは，非常に強い不安を100とした場合，その場面がどのくらいの不安かを主観的に評価した値のこと．
　　**　「3回目」，「6回目」，「8回目」は治療面接の回数．

っていた(金井, 2008)．3回目の面接で不安階層表を作成した．その後，「左右に女性がいる場面に4分間いる場面」などへのエクスポージャーを行った．6回目の面接でもう一度評価してもらうと，多くの場面で不安が低くなっていた．とくに，「7　1人でＡ線のラッシュ時の電車に乗る」という場面では，80から20へと低下したのが目立っている．治療を進めるうちに電車にも乗れるようになった．そこで，8回目の面接で評価してもらうと，ほとんどすべての場面で不安が低くなっていた．このため治療は8回で終了した．

　現実エクスポージャー法とイメージエクスポージャー法の中間的な方法として，最近では，コンピュータ上でのヴァーチャルリアリティによって行う方法が開発され，効果を上げている(宮野, 2006)．たとえば，飛行機恐怖症の場合，

治療のために何度も飛行機に乗るのはコストがかかりすぎる．また，心的外傷後ストレス障害などの場合，心的外傷となるような出来事はくりかえし体験されるべきものではない(例：災害やレイプ被害など)．このような場合には，ヴァーチャルリアリティの利用が重要になる．

これに対して，表6-2に示すように，はじめから強い刺激にならしていく方法をフラッデイング法という．たとえば，高所恐怖の場合，最初からビルの屋上へ行くという強い刺激に挑戦する．

行動療法のいろいろな技法：反応統制法　一方，反応統制法とは，不安による反応をある行動を通じてコントロールする方法である．この方法で代表的なウォルピの逆制止理論によれば，不安をやわらげる行動としては，摂食反応，性反応，運動反応，主張反応，呼吸反応，筋弛緩反応などがある．このような反応を利用して，個体の不安を低める方法が**逆制止療法**である．とくに筋弛緩反応を利用したヤコブソン法はよく用いられる．

刺激統制法と反応統制法の組合せ　刺激統制法と反応統制法を組み合わせて用いる場合も多い．逆制止療法の筋弛緩訓練と，現実エクスポージャー法を組み合わせる方法を**現実脱感作療法**と呼ぶ．また，逆制止療法の筋弛緩訓練と，イメージエクスポージャー法を組み合わせる方法を**系統的脱感作療法**と呼ぶ．以前は系統的脱感作法がよく用いられていたが，最近では，現実エクスポージャー法のほうが治療効果が大きいことが確かめられたため，現実エクスポージャー法が多く用いられるようになっている．

(b) 強迫性障害への反応制止エクスポージャー法

強迫行為に対する行動療法の有効な一技法として，反応制止エクスポージャー法がある．この方法は，オペラント条件づけの原理にもとづくものである．

反応制止エクスポージャー法は，強迫行為を制止しながら，不安状況に直面させるものである．例えば，洗浄強迫を持つクライエントには，手洗い行動を

制止しながら，汚れを手につけてそれに耐える訓練をする．図6-1で示したように，もともと不潔恐怖を持っている人は，手にばい菌がついているという不安を感じたときに，手を洗えば，その不安が弱まる．しかし，不安が低減したことが「強化」となって，手を洗う行動が学習され，維持されてしまう．

　そこで，反応制止エクスポージャー法では，手に汚れをつけて，不安を喚起させ，手洗い(強迫行為)をさせない．それまでは手洗いによって不安が低まり，そうした不安低減が「強化」となっていたのに対し，手洗いができないので，不安が低まることがなく，「強化」がおこらない．恐怖は維持されるが，強化がおこらないので，強迫行為は「消去」されて，減っていく．このように，強迫行為を増やす連鎖を断ち切るのである．

　反応制止エクスポージャー法にはもうひとつの効果がある．この例のように，ふつう，手が汚れているという不安は，時間が経つにつれてしだいに弱まっていくものである．手洗い行動をとると，一時的に不安は減るのだが，手を洗ったために不安が減ったと認知されるので，不潔恐怖そのものは，改善されない．反応制止エクスポージャー法において，手洗い行動をしないでいると，時間の経過につれて，しだいに不安は減っていく．手洗いをしなくても，時間の経過によって自然に不安が減っていくことを認知することができる．このように認知の変化がおこり，強迫行為が減っていく．

　また，確認強迫(戸締まりがしっかりしているか，火元を消したかなどを確認しないではいられないこと)に対する反応制止エクスポージャー法では，確認行動を制止しながら，確認が済んだという安心感を与えないようにする．こうすることによって，実際に破局がおこるわけではないことや，強迫行為をする必要がないことを実感させるわけである．

　反応制止エクスポージャー法はかなりの効果をあげる．このことは治療効果研究やメタ分析によって確かめられている．原井によると，強迫行為を持つクライエントの90%については，症状を30%減らすことができた(原井, 1999)．クライエントの50%については，症状を70%以上減らすことができたという．

（c）パニック障害への認知行動療法

クラークは，身体感覚の認知の仕方を変える**認知行動療法**を開発した．

図6-2からわかるように，パニック障害の悪循環に入るか入らないかの分かれ目は，不安の身体感覚を「ふさわしい（妥当な）感覚だ」と認知するか，「破局的（カタストロフィック）なものだ」と認知するかという点にある．すなわち，認知の仕方が分かれ目なのである．したがって，不安の身体感覚を「ふさわしい感覚だ」と認知すればパニック発作はおこらないことになる．

ここから身体感覚の認知の仕方を変える認知行動療法が開発された(Clark et al., 1985)．まず，図6-2のような図式を，クライエントごとに具体的に作っていく．これが**ケースフォーミュレーション**（事例の定式化）である．次に，この図式の各要素のつながりが本当かどうか，クライエントとともにひとつひとつ確かめていく．

① 深呼吸をくり返し，自発的な過呼吸状態を作りだし，パニック発作と同じであることを，体験から理解してもらう．
② 深呼吸をしすぎると過呼吸状態がおこることを説明し，身体感覚と認知の悪循環がパニック発作を引きおこすことを説明する．
③ 発作時に対処できるよう，呼吸を落ちつかせる呼吸法訓練を行う．
④ 発作がおこった時に，自分の身体感覚を正しく解釈できるように訓練する．

この他にも，発作がおこった時に，自分の身体感覚を正しく解釈できるように訓練しておいたり，パニック発作の引き金となる刺激（例：コーヒーの飲みすぎ，薬の副作用，緊張した後）を明らかにし，それを変えるようにつとめる，といった技法も用いられる．

さらに，不安に対して，クライエントがどのような行動をしているかということも，パニック障害を維持する重要な要因となる．広場恐怖はパニック発作を避けるために，それが生じるであろう場所を避けることである．ここから逆に，パニック障害の認知行動療法では，治療者と一緒に外出を試み，破局的な結果がおきるかどうかを検証するということも行われる．これを「行動実験」

と呼ぶ．この方法は，恐れている状況に直面させるエクスポージャー法の一種であるが，破局的な認知の修正に主眼がおかれている．たとえば，クライエントは外出先で心臓発作がおきたら助からないと考えている(実際にはパニック発作なのだが)．このとき，「心臓発作で死ぬだろう」という認知をひとつの仮説として捉え，それを実際に検証してみようとするのである．

こうした認知行動療法の効果について，クラークらは，薬物療法と比較した(Clark et al., 1994)．この研究では，DSMでパニック障害と診断されたクライエントをランダムに，認知行動療法群と薬物療法群(イミプラミンという薬)に分けて治療を行った．その効果をくらべると，認知行動療法群のほうが，薬物療法群より有意に高い効果があった．さらにその有効性は，6カ月後と15カ月後のフォローアップまで続いていたのである．

(d) 社交恐怖への認知行動療法

上で述べた認知行動療法は，パニック障害だけでなく，社交恐怖や心的外傷後ストレス障害などにも応用された．

たとえば，クラークとウェルズは，社交恐怖に対する認知行動療法を開発した．治療は次のような段階からなる．

(1) ケースフォーミュレーションと社会化

第一段階ではまず，そのクライエントの社交恐怖のメカニズムを明らかにするために，図6-3のような図式を，クライエントといっしょに作っていく．これをケースフォーミュレーションという(第3章参照)．

このクライエントの場合，会社の同僚と出会うといった対人場面に遭遇すると，「自分はその同僚から臆病だと思われている」という自動思考がわいてくる．すると，「何も考えられなくなる」といった不安感情がわいてくる．また，「人と目を合わせない」という安全行動も出てくる．安全行動とは，本人は破局を避けるために行う行動であるが，実際には不安を高めてしまっている行動のことをさしている．さらに，緊張でブルブル震えている自分のイメージがわいてくる．これを**観察者視点の自己注目**という．これは，さらに自動思考を強

```
                ┌─────────────┐
                │ 同僚と出会った │
                └──────┬──────┘
                       ▼
            ┌───────────────────┐
            │「臆病者だ」と思われている│
            └──┬─────────┬──────┘
               │         ▼         │
               │  ┌───────────┐  │
               │  │緊張でブルブル│  │
               │  │震えている自分の│ │
               │  │イメージがわく │  │
               │  └─────┬─────┘  │
               ▼         ▼         ▼
        ┌──────────┐  ┌──────────────┐
        │目を合わせず│◀▶│何も考えられない│
        └──────────┘  └──────────────┘
```

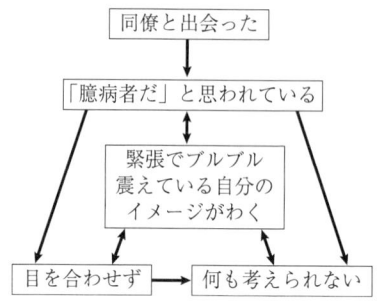

図 6-3　社交恐怖のケースフォーミュレーションの例
(Wells, 1998)

め，安全行動や不安感情も強めている．こうした悪循環が生じて，社交恐怖がおこる．このように，事例ひとりひとりに，社交恐怖のフォーミュレーションを行い，これにもとづいて，認知行動療法は行われる．

(2) 安全行動を変え，注意を外に向ける

第二段階では，安全行動を変えて，不合理な対処行動を止める．また，「観察者視点の自己注目」に陥らないよう，注意を外に向けて，もっとまわりの人をよく観察し，現実の他者を見る訓練をする．

(3) ビデオフィードバックを使って，歪んだ自己イメージを正す

この段階では，クライエントの状況をビデオに撮って，それを観察させる．このクライエントの場合，「緊張でブルブル震えている自分」のイメージがわいてくるが，ビデオで観察すると，実際にはほとんど震えていないことを納得した．こうして「観察者視点の自己注目」を変えていく．

(4) 行動実験

実際にはクライエントが考えるような破局的な事態にはならないことを「行動実験」を行って確かめる．

この後は，スキーマ(第5章参照)を変えたり，再発防止の方法を考えたりして治療を終える．

他の場合にも，このような4つの過程を経て最終的には充足した社会生活が

送れるように治療を行う．詳しくは巻末の読書案内にあげた本を参照してほしい．

◇ま と め◇

　不安障害は，DSMによると8つのカテゴリーに分かれる．それらの診断のためには，きちんとしたアセスメントが必要である．不安障害は，一定の素因を持った人が，何らかのストレスを体験した場合に生じると考えられる．ストレスが不安と結びつくメカニズムを説明するのが，古典的条件づけとオペラント条件づけの理論である．条件づけの原理に従って，逆に不安障害の症状を消去したり，適応的な行動習慣を再学習することもできる．これが「行動療法」である．行動療法にはいろいろな技法があるが，大きく刺激統制法と反応統制法に分けることができる．行動療法の技法はいろいろと考案され，不安障害の治療に効果を上げている．また，最近は，ストレスに対する認知の歪みを重視する認知理論が提案され，それにもとづいて認知療法が開発され，効果を上げている．

◇問 題◇

● これまでの精神分析学，自己理論，行動病理学では，不安障害(神経症)の発生メカニズムと治療をそれぞれどのように考えてきたか比較してみよう(第2章と第4章の記述を参考にすること)．
● うつ病の治療として開発された認知療法が，パニック障害などの不安障害にどのように適用されたか，第5章の記述と比較しながら考えてみよう．

第 II 部 心理的障害への応用

7 統合失調症の臨床

　統合失調症は，人口の約 0.7％ に生じる精神障害である（APA, 2000）．この発生率は，国による違いは少ないが，細かくみると地域や文化によって違いがある．国によって発生率にそれほど差がないということは，世界中の人に共通する生物学的な要因（おもに脳の機能）が発生に関連していることを示している．一方，地域や文化による違いがあるということは，社会・文化的な要因も統合失調症の発生に影響を与えることを示している．これまでは，心理学のテキストに統合失調症の詳しい解説を載せることは珍しかった．統合失調症はあくまで医学的な問題であり，心理学が介入できるものではないという意見が，心理学者のなかでも強かったからである．しかし，現在では，統合失調症の発症や症状のメカニズムの解明，あるいは治療法の開発に心理学が大きく関与している．そこで本章では，統合失調症を取りあげ，生物−心理−社会的アプローチの最新知見の一部を紹介する．

［キーワード］
▼

陽性症状
陰性症状
ドーパミン仮説
症状別アプローチ
家族の感情表出（EE）
認知行動療法

7-1 統合失調症の症状,病型,経過

統合失調症が引き起こす障害は多様である．現実を認識する能力や,情緒的な反応,思考過程,判断能力や意思伝達能力などに障害が生じる．また,幻聴や妄想のような症状もよく現れる．このような症状があるので,統合失調症を罹患することで精神的機能や社会的機能も変化する．図 7-1 に示すように,統合失調症による影響は,「機能障害」,「生活障害」,「社会的不利」に分けられる(Birchwood & Preston, 1991)．

機能障害とは症状をさす．個々の症状については後述するが,症状の発生に

```
┌─────────────────────────────────┐
│ ① 機能障害                        │
│ 統合失調症に固有で中核をなす症状    │
├─────────────────────────────────┤
│ 幻聴・妄想・思考障害などの中核症状  │
│ 感情平板化・意欲低下・自閉         │
│ 注意・記憶・問題解決などの認知の障害 など │
└─────────────────────────────────┘
              ⇩
┌─────────────────────────────────┐
│ ② 生活障害                        │
│ 機能障害の結果,日常の社会生活能力が低下すること │
├─────────────────────────────────┤
│ 労働能力・対人関係能力・自立生活能力などの低下 │
│ 社会やコミュニティで生きていくスキルの低下 │
│ 自己イメージの低さ・抑うつ・自殺への危険 │
│ 残遺症状がもたらす苦痛 など        │
└─────────────────────────────────┘
              ⇩
┌─────────────────────────────────┐
│ ③ 社会的不利                      │
│ ①,②の結果として社会的な不利益をこうむること │
├─────────────────────────────────┤
│ 社会的地位の低下,就労・住居確保の制約 │
│ 高い失業率,社会階層の低下         │
│ 対人ネットワークの減少            │
│ 家族との不仲,家族からの拒絶       │
│ 施設への収容 など                 │
└─────────────────────────────────┘
```

図 7-1 統合失調症の機能障害・能力低下・社会的不利(Birchwood & Preston, 1991)

はかなりの部分で生物学的な要因が影響すると考えられている．

生活障害とは，機能障害の結果として，日常生活能力（たとえば，労働能力，対人関係能力，自立生活能力など）が低下することである．

社会的不利とは，機能障害や生活障害の結果として，社会的な不利益をこうむることをさす．たとえば，社会的地位が低下すること，就労や住居の確保に制約が生じることなどである．多くは30歳以前の青年期に発症するので，その後の生活に与える影響が大きい．この変化は，一時的なものもあるが，長期的・永続的なものもある．失業や退学といった社会的逆境に陥ること，自立した生活をおくれなくなること，なども起こりうる．

これらは統合失調症だけではなく，他の精神障害でも生じうる．また，社会的・文化的な環境によっても様相が異なる．

一方，統合失調症には「潜在的な患者」も実は多く存在する．たとえば，異常な行動があっても周囲の注意を引かないような人たちは大勢いるかもしれない．本人や家族が援助を求めるのは，症状や行動が生活の質をひどく悪化させて，本人や他の人を危険にさらすようになったときである．

このように多様な障害を示す統合失調症だが，特徴的な症状にどのようなものがあるだろうか，以下，例をあげながら解説する．

（a）症状

統合失調症は比較的患者数が多いにもかかわらず，一般の人は抑うつのように症例に触れる機会が少ない．統合失調症の全体像を理解するのは，患者に普段から接していなければなかなか難しい．ここではまず，統合失調症の仮想事例を挙げて検討してみたい．

【さとし：22歳の男性】

　家族は，僕が，ある時から，わけのわからないことをずっと話し続けていたと言っています．僕の様子があまりに変なので，近所の内科医院に，父が連れて行きました．先生は長い時間をかけて診察してくれたそうです

が，僕の体には悪いところをみつけられず，「精神科に紹介」とカルテに書きこんでいたのを覚えています．
　しばしば命令してくる声が聞こえたので，僕はそれに対して大声で文句を言っていたのですが，次々に聞こえてきて効果はありませんでした．僕は外出するのを避けて引きこもっていました．通りすがりの人たちに僕の心はすけすけだったからです．紹介された先の精神科のお医者さんや看護師さんでさえも僕を敵扱いしていると思っていました．調子が悪くなって最初の頃は全然風呂にも入らなかったし，顔も洗いませんでした．しかし，それでも，自分が病気だとは考えていませんでした．精神科の先生は「君には休養が必要だ」と入院を勧めたのですが，僕はその必要性がわからず，すごく抵抗しました．入院してからは，自分のベッドにずっと座っているだけだったとみんな言っていますが，僕はよくおぼえていません．

　さとし君の場合は症状の一例である．ほかにも特徴的な症状がある．以下，統合失調症にはどのような症状があるのか，臨床的な立場から見ていこう．とくに，発症からの時期によって前駆症状とおもな症状（妄想，幻覚，自我障害など）がある．まず前駆症状から詳細に解説していこう．

　前駆症状　統合失調症の発病初期には，次のような症状を示すことが多い．主観的には，抑うつ気分，思考力や記憶力の低下，頭重感，頭痛，倦怠感，易疲労感，不眠などであり，客観的には，口数が少ない，不活発，身の周りのことに興味がないなどである．**強迫症状**（不合理な考えに取りつかれたり，それによる不安を打ち消すために儀式的なふるまいをしたりする症状）を呈することもある．これらの症状は，うつ病や不安障害とよく似ているが，統合失調症の前駆症状としても重要である．さとし君の例では**前駆症状**がはっきりしないが，彼の呈したような症状は突然には出現しない．おそらく前駆症状の期間があったのだろう．しかし，専門家ならばともかく，一般の人には，上記の症状からすぐに統合失調症であるとは判断できず，また状態がどんどん進行すると

は考えられにくいので，何の対処もされないことが多い．

おもな症状　前駆症状の期間が過ぎると，妄想や幻覚，自我障害などの症状が現れる．まず，上記の特徴的な症状について触れ，次に思考や感情の障害を述べる．

(1) 妄想

前駆症状の期間が過ぎると，妄想気分や妄想知覚という症状が現われる．**妄想**とは根拠のない主観的な思考や理念のことをいう．統合失調症の症状としての妄想には以下のような3つがある．

周囲がなんとなく不気味でいつもと違い，何か起こりそうな，あるいは世界が崩壊するような不安を**妄想気分**という．続いて，理論的には全く無意味な物や状況が，自分にとって意味があると感じられる**妄想知覚**が起こる．さらに，突然に「全ての意味が(妄想に基づいて)明らかになった」と感じられる**妄想着想**に至る．以上の，妄想気分，妄想知覚，妄想着想は，統合失調症の妄想形成に特徴的だと考えられており，ヤスパースは通常の心理では了解不能であるとして，健康な心理状態とは明らかに違うと考えた(Jaspers, 1948)．

このように形成される妄想は，その内容から，被害妄想や誇大妄想などに分類される．さとし君が「紹介された先の精神科のお医者さんや看護師さんでさえも僕を敵扱いしていると思っていました」と語るように，被害妄想のなかでも迫害妄想は体験者が多い．それ以外にも，自分に関係ないことがさも関係あるように思われてしまう関係妄想，知らない人がじろじろ自分を見るという注察妄想，誰かが跡をつけてくるという追跡妄想，何らかの意図で誰かに毒を飲まされているという被毒妄想などがある．一方，誇大妄想には，自分はキリストや仏の生まれ変わりだと思い込むような宗教的誇大妄想，発明妄想，血統妄想，恋愛妄想などがある．

妄想は誤った内容の信念であり，他人から説得されたり，誤りである証拠を突きつけられても訂正できないという特徴を持つ．この点で正常な心理状態の「思い込み」とは明らかに異なる．DSM-IV-TRでは，「外的現実に対する間

違った推論に基づく誤った確信であり，その矛盾を他のほとんどの人が確信しており，矛盾に対して反論の余地のない明らかな証明や証拠があるにもかかわらず，強固に維持されるもの」と定義している．

精神医学では，主観的に強い確信を持つこと（並々ならぬ確信），客観的にみて内容が誤っていること（内容の非現実性），「経験上こうであるはずだ」とか「こうだからこうなる」という経験則や論理に従わせることができないこと（訂正不能性），の3点が，ヤスパース以来，妄想の特徴だと考えられてきた．

（2）幻覚

妄想とならんで，統合失調症の特徴的な症状は幻覚である．**幻覚**とは，実際には物理的対象がないのに，何かが実在するように知覚されることである．五感によって分類され，**幻視**（視覚）・**幻聴**（聴覚）・**幻嗅**（嗅覚）・**幻味**（味覚）・**幻触**（触覚）などに分けられる．実際には存在しない何かが見えるのが幻視，何かが聞こえるのが幻聴，何かの臭いがするのが幻嗅，何かありもしない味を感じるのが幻味，何かに触れていると感じるのが幻触である．

軽い幻覚は，他の精神障害でも，健常者でも体験することがある．とくに健常者が体験するおもな幻覚の要因には，感覚遮断，幻覚を起こさせる物質，入出眠時がある（丹野・坂本，2001）．ただし，統合失調症に特徴的な幻覚もある．シュナイダーの「統合失調症の1級症状」（後述）には自我障害の他に「考想化声」「対話性の幻聴」「自分の行為に随伴して口出しをする形の幻聴」などが含まれている．**考想化声**とは，「これは自分の考えだ」とわかっているものが他者の声になって聞こえてくるという体験である．このように，統合失調症では，幻覚のなかでもとくに幻聴が症状として重要だと考えられてきた．さとし君も，命令してくる幻聴が聞こえ，それに抵抗できずに振り回されていた．

（3）自我障害

妄想や幻聴とともに，統合失調症でよくみられる症状として自我障害がある．**自我障害**とは，自分の考えが他人につつぬけになっていると感じられたり（考想伝播，あるいは，つつぬけ体験），他人の考えが自分の中に直接入ってくるように感じられたり（考想吹入），他人が自分の思考を奪ってしまうと感じられ

たり(考想奪取)する体験である．また，自分の思考や行動が，自分の意思ではなく「誰かに操られているように」感じることもある(させられ体験)．

　自分の考えが相手に読まれていると感じたり，隠したいのに相手に伝わってしまったと感じる体験は，健常者にもみられる．たとえば，動揺していることや相手に対する苦手意識が，知らず知らずのうちに自分の目つきや表情に出てしまっていると感じることがある．一般の大学生を対象にした調査によると，対人不安傾向の強い人ほど，特定の場面で相手に心を読まれるとか見透かされるといった体験をしていた(佐々木・丹野，2003)．ただし，こうした対人不安に伴う「自我漏洩感（ろうえい）」と統合失調症の自我障害とはメカニズムが大きく異なると考えられている．

　統合失調症の自我障害について，ヤスパースは次のように説明する．通常の自己というものは，「自他境界」によって他者や外界と区切られている．自我障害とは，この自他境界が崩れてしまう体験である．したがって，自己のなかに他者が侵入したり，自己が漏れ出たり他者と混ざり合ったりする感覚が出現する．客観的には，そのようなことはあり得ないが，本人には生々しく感じられ，それに関する確信も強い．こうした点が統合失調症の自我障害として特徴的である．

　自我障害はきわめて恐ろしい体験である．誰かが自分の秘密を見透かし，自分の考えが強制的・直接的にたえまなく暴露され続けたり，自分の意思が欠落し考えも行動も操られるという事態は，人間の存在の根源を脅かすような深刻な体験であるといえる．さとし君は「通りすがりの人たちに僕の心はすけすけだった」という自我障害を呈し，その恐怖があまりに強いので自宅に引きこもっていた．

（4）思考形式の異常(思路障害)

　上記3つの特徴以外にも，統合失調症に特有の思考異常がある．たとえば，話のつじつまがあわなくなったり話にまとまりがなくなったりすることがある．これを**連合弛緩**という．他の精神障害，たとえば躁（そう）病でも話題が次々に変わり，まとまりがなくなることがある(観念奔逸)．しかし，統合失調症の連合弛緩で

は文法的なまとまりも「弛緩」する．ひどくなると「滅裂思考」になり，何を言っているのかわからなくなる．さとし君が「わけのわからないことをずっと話し続けていた」というのは，この連合弛緩によるものかもしれない．また，常識を無視して自分にしか通用しない新しい言葉を使う**言語新作**という現象もみられることがある．

（5）感情の障害と自閉

統合失調症でも，気分の大きな落ち込みや異常な高揚感など，感情や気分に障害が生じることはある．しかし，そうした気分変動よりも統合失調症で重要な症状は，自然な感情が起こらなくなる**感情鈍麻**（感情の平板化とも呼ばれる）と，同一の対象に対して愛と憎しみ，好きと嫌いなどの相反する感情が同時に存在してしまう**両価性**である．

また感情鈍麻の結果，興味関心が低下し身の周りのことに配慮しない自閉的な傾向が出現する．この自閉性は，無為な（何もしない）生活に陥る原因となる能動性の低下や，他者との交流ができなくなる疎通性の障害とも関連する．これらの症状は社会生活を行う上でコミュニケーションの欠如をもたらす．「調子が悪くなって最初の頃は全然風呂にも入らなかったし，顔も洗いませんでした」「入院してからは，……ずっと座っているだけだったとみんな言っています」というさとし君の状態は自閉性の顕著な例である．

症状の分類　このように，多種多様な統合失調症の症状のなかで，何が重要なのかを決めたり，症状をいくつかのまとまりに分類しようとしたりする試みが20世紀初頭から続けられてきた．そのうちの代表的なものを次に挙げる．これらの知見は，操作的診断基準であるDSMやICDにも色濃く反映されている．

（1）ブロイラーの基本症状

ブロイラーは，個々の精神機能を統合する機能の障害が統合失調症の本態であり，その基本的な症状は次の4つだと考えた（ドイツ語の頭文字がすべてAで始まるので「ブロイラーの4つのA」とも呼ばれている）．

① 連合弛緩
② 感情障害
③ 自閉
④ 両価性

(2) シュナイダーの一級症状

シュナイダーは，次の症状（一級症状）が明らかで，身体的疾患がない場合，統合失調症の可能性が高いと考えた．

① 考想化声
② 対話性幻聴
③ 自己の行為に随伴して口出しをする形の幻聴
④ 身体への影響体験
⑤ 考想奪取やその他思考領域での影響体験
⑥ 考想伝播
⑦ 妄想知覚
⑧ 感情や衝動や意志の領域に現れるその他のさせられ体験・影響体験

シュナイダーは，これらの症状は重要だが，統合失調症という診断は慎重に下されるべきだと考えていた．そのため「可能性が高いだけである」と注をつけた．彼の症状分類は現代の操作的診断基準に大きな影響を与えているが，彼の臨床的態度にも現代の臨床家が見習うべき側面がある．

(3) 陽性症状と陰性症状

幻覚や妄想などを**陽性症状**と呼び，感情鈍麻や自閉性などを**陰性症状**と呼ぶ分類方法がある．陽性症状は健康な心理状態では体験しないもの，陰性症状は健康な心理機能が欠けているものを意味する．アンドレアセンとクロウは，統合失調症の2過程理論を提出した(Andreasen, 1982：Crow, 1980)．これは，陽性症状を主とするⅠ型と，陰性症状を主とするⅡ型の2つの症候群に分ける考え方である．統合失調症には2種類の病理過程があり，両方とも体験する人もいれば，一方のみを体験する人もいると考える．Ⅰ型の統合失調症は，神経伝達物質の異常，発病前の適応の良さ，比較的軽い経過，治療への反応の良さ

と関係するといわれている．一方，II型の統合失調症は，発病以前の適応の悪さ，重い認知障害，治療への反応の悪さ，全体的な予後の悪さと関連するといわれている(大熊，2008)．

陽性症状と陰性症状の区別は臨床的に有用だが，単純すぎるとか，多変量解析の結果と合わないという批判も提出された．そこで，リドルは，病状が同じような段階にある患者間で症状のパタンを検討し，陽性と陰性の2つではなく，次の3つのグループができることを発見した．精神運動貧困型(発話の貧困さ・感情の平板化・自発的行動の減少)，解体型(思考形式の障害・不適切な感情)，現実歪曲型(妄想・幻覚)．このグループ分けは，統計的にも信頼性が高く，臨床的にも妥当だと考えられている(Birchwood & Jackson, 2001)．

(b) 病型と経過・予後

統合失調症の具体的な症状とその分類を見てきたが，それぞれの特徴的な症状や経過のたどり方，予後を組み合わせることで病状をいくつかに分類できる．統合失調症の一般的な病型分類とそれぞれの特徴を紹介する．

妄想型
解体型(破瓜型)
緊張型
鑑別不能型
残遺型

本書では，このうち，妄想型，解体型，緊張型について簡単に説明する．

妄想型 30歳以上で発症することが多いといわれている．妄想や幻覚妄想状態を主とし，感情鈍麻や自閉性などは目立たない．進行すると，過去や現在の出来事が妄想に取り込まれ，ひとつのまとまった妄想の体系が形作られることもある(妄想体系あるいは妄想構築)．妄想型の妄想には，被害妄想や誇大妄想などさまざまなものがある．

解体型(破瓜型) 10代後半から20代で発症することが多い(破瓜とは思春期・青年期をさす)．ブロイラーの基本症状が中心であり，幻覚や妄想はあま

り目立たない．発症は緩やかで，学校や職場での能力の低下や，理由のはっきりしない欠席で始まることが多い．悪化の一路をたどることもあるし，何回かの増悪を繰り返すこともあるが，いずれにしても次第に無為な自閉的生活に陥る．この病型は予後が悪く，人格が荒廃するまで病気が進行すると考えられていた．

緊張型 20歳前後に急激に発症する．さまざまな症状を呈するので緊張病症候群とも呼ばれる．おもな症状は興奮や昏迷で，その原因は意思の障害だと考えられている．緊張型の興奮はそのときの状況とは関連がなく，行為の一貫性もないため，周囲の人にはその理由がまったく理解できない．昏迷とは，意識ははっきりしているのに，自発的な行動がとれない状態をさす．質問にも答えられないし指示にも従えないが，症状が回復するとその時の状況を明確に思い出すことができる．緊張型は症状の増悪を反復する周期的な経過をたどるが，症状が消えている間は，ほぼ健康な状態に戻る．

上記3つの病型の経過・予後（発症後の見通し）については，解体型は予後が悪く，妄想型も場合によっては健康な状態に戻れないと考えられてきた．しかし，患者の約20％は，人生のうちただ一度だけ症状が出現した後，ほぼ正常な状態に戻る．また，60％以上は複数回の再発を経験するが，以前の精神的・社会的レベルに戻る．世界的な縦断的予測研究によると，統合失調症の予後は必ずしも悪いわけではない(Birchwood & Jackson, 2001)．

7-2 統合失調症のアセスメント

統合失調症の診断や治療のためには，きちんとしたアセスメント（評価）が必要である．また，アセスメントの整備は病理のメカニズムを調べたり，援助の成果を調べるためにも不可欠である．臨床での実用段階にまだ入っていないものも多いが，精神医学では生物学的なアセスメント法も数多く研究開発されている．たとえば，fMRI，近赤外線光トポグラフィ(NIRS)，事象関連電位

表7-1 統合失調症の症状を測定する症状評価尺度

略称	名称	発表者 (発表年)
SRS	症状評価尺度 Symptom Rating Scale	Wing et al. (1961)
PAS	精神医学的評価尺度 Psychiatric Assessment Scale	Krawiecka et al. (1977)
SANS	陰性症状評価尺度 Scale for the Assessment of Negative Symptoms	Andreasen et al. (1983)
SAPS	陽性症状評価尺度 Scale for the Assessment of Positive Symptoms	Andreasen et al. (1984)
PANSS	陽性・陰性症状評価尺度 Positive and Negative Symptom Scale	Kay et al. (1991)

(ERP),脳磁図(MEG)などを使った脳の機能評価や,遺伝子レベルでの生化学的アセスメントが,統合失調症の診断や治療評価に用いられる日は近づいている.

統合失調症のアセスメントには,診断面接基準,症状評価尺度,症状評価質問紙がある.第3章で解説した,診断面接基準,包括的症状評価尺度,包括的症状評価質問紙のなかには,統合失調症の症状のアセスメントが含まれている.

表7-1に示すように,統合失調症の症状を測定する専用の症状評価尺度も多く開発されている.

また,幻覚や妄想などの症状を調べる質問紙も作られている.とくに,症状別アプローチがさかんとなるにつれて,いろいろな質問紙が開発されてきた.それらを表7-2に示す.

統合失調症の症状と,それに関連する認知機能のアセスメント法については,石垣(2001)や石垣(2004)に詳しいので,興味のある読者は参考にしてほしい.

表 7-2 幻覚や妄想についての症状評価質問紙

略 称	名 称	発表者 (発表年)	項目数
LSHS	ローニー・スレイド幻覚尺度 Launey & Slade Hallucination Scale	Launay et al. (1981)	12
TVRS	幻声特徴評価尺度 Topography of Voices Rating Scale	Hustig et al. (1990)	5
BAVQ	幻声に関する信念質問紙 Beliefs about Voices Questionnaire	Chadwick et al. (1995)	30
AHES	幻聴様体験尺度 Auditory Hallucination-like Experience Scale	丹野ら (1998)	22
DSSI	妄想症状状態質問紙 Delusions-Symptoms-States Inventory	Foulds et al. (1975)	84
DICL	妄想的観念チェックリスト Delusional Ideation Check List	丹野ら (2000)	51

コラム 7-1　妄想的観念チェックリスト

　フェニグスタインとヴァナブルは，妄想を抱きやすい傾向を測定するパラノイア尺度を作成している(Fenigstein & Vanable, 1992)．丹野らはこれを批判的に検討し，健常者の妄想的観念を測定する目的で，新たに**妄想的観念チェックリスト**(DICL)を作成した(丹野ら，2000)．表 7-3 はその項目例(一部)である．全51項目あるが，それに対して「全くない」「たまにある」「よくある」の3件法で回答する．

　健常者に実施した結果を因子分析したところ，次の8因子が抽出された．疎外観念，微小観念，被害観念，加害観念(以上がネガティヴな感情価をもつもの)，被好意観念，庇護観念，他者操作観念，自己肯定観念(以上がポジティヴな感情価をもつもの)．

　さらに，この質問紙を統合失調症の患者にも実施した．健常者との間で得点に有意差があったのは疎外観念，微小観念，被害観念，庇護観念であった．とくに被害観念と庇護観念は群の判別性が高い．このふたつの観念の感情価はネ

ガティヴとポジティヴで異なるが，どちらも「他者⇒自己」という方向性を持つ．この「他者」は，統合失調症の場合は漠然としていて特定できない他者のことが多く，自我障害とも関連すると考えられる(石垣，2001)．

表7-3 妄想的観念チェックリストの項目例

1 まわりでいやなことがおこると，私のせいだと責められているように感じられる体験
2 他の人から「のけもの」にされているのではないか，という疑い
3 私の考えていることが，他の人に知られている，という考え
4 誰かが私をワナにかけようとしているのではないか，という疑い
5 私の考えていることが，相手から読まれている，という考え
6 人より仕事や勉強の能力が低いのではないか，という考え
7 私が考えたアイディアを，誰かに横取りされている，という疑い
8 いやな臭い（口臭・体臭など）を出しているため，まわりに迷惑をかけているという疑い
9 知らない間に，誰かの人生をダメにしているのではないか，という疑い
10 他の人はみんな持っているのに，自分だけ何かの能力が欠けているのではないか，という考え
11 考えていることが，誰かに変えられたりしている，という考え
12 まわりの世界が何となく不気味で怖く感じられ，大変なことが起こりそうだという感じ
13 生きていくためのお金がなくなってしまったのではないか，という考え

7-3 統合失調症の異常心理学

統合失調症についても，生物-心理-社会の統合モデル(2-2節参照)に沿ってメカニズムの解明がすすめられている．本節では，それぞれの要因の研究について概観しよう．

(a) 生物学的メカニズム

統合失調症の生物学的原因について，ふたつの有力な仮説がある．ひとつはドーパミン異常を要因と考えたものである．もうひとつは遺伝的要因によると

いうものである．これらを簡単に紹介する．また，最近の脳科学の知見により，ある症状が起こっている時の脳の変化を知ることでどのようなメカニズムで症状が引き起こされるか，一部解明されてきている．この研究についても述べる．

生理学的要因（神経伝達物質）　統合失調症の生物学的原因について，多くの研究者は脳の神経伝達物質，とくにドーパミンの異常によると考えている．第3章で述べたように，「シナプス」の間で情報を伝える神経伝達物質のうち，ドーパミンの活動が過剰となり，神経細胞の興奮が伝わりやすくなった状態が，統合失調症の陽性症状であるという説が有力である．これが**ドーパミン仮説**である．その根拠として，第一に，統合失調症の陽性症状を改善させる薬物は，選択的にドーパミン系神経の活動を抑えるものであること，第二に，ドーパミン系を過剰に活動させる覚醒剤（メタンフェタミン）を乱用し中毒になると，統合失調症と似た症状が出ることなどが挙げられる．ただし，陽性症状はこの説で説明可能だが，陰性症状は説明できない．陰性症状は，NMDA (N-methyl-D-aspartate) 受容体遮断によるグルタミン酸伝達の阻害によって生じるのではないかと考えられているが，詳しいことはまだわかっていない（正木・西川，2007）．

遺伝的要因　ミールは，統合失調症の遺伝的負因を**スキゾタクシア** (schizotaxia) と命名し，これが統合失調症の素因であるとする（ただし，スキゾタクシアは「遺伝子レベルのさまざまな要因の集合体」という意味でしかなく，実体があるわけではない）(Meehl, 1962)．それが発達の過程で人格障害として現れたものを統合失調症型（スキゾタイプ; schizotype）であるとした．DSMでも，統合失調症型人格障害としてとりあげられている．そして，統合失調症型の人が，強いライフイベントやストレスを体験すると，統合失調症 (schizophrenia) を発症するに至ると考える（コラム2-1「素因ストレスモデル」を参照のこと）．

バーチウッドとジャクソンは，遺伝研究を次のようにまとめている

(Birchwood & Jackson, 2001)．統合失調症の患者のきょうだいと子供の発症率を調べると，およそ10％であり，一般の発症率より高くなる．また，両親・きょうだい・子供(1, 2親等)のほうが，おじ・おば・甥・姪(3親等以上)よりも発症率が高い．つまり，遺伝的な関係が強くなるほど，発症率が高まる．また，遺伝情報が等しいと考えられる一卵性双生児を対象とした研究もある．一卵性双生児の一致率(双生児の両方に統合失調症が発症する率)は35～58％の範囲であり，平均すると46％である．これに対して，対照群として調べられた二卵性双生児の一致率は9～27％の範囲であり，平均すると14％である．このように，一卵性双生児の一致率は，二卵性双生児のおよそ3倍であった．

さらに，養子研究の結果からも，統合失調症の遺伝要因が示されている．発症に関する遺伝的リスクは，養育環境が変わっても変化しない．ただし，こうした遺伝子が発現するかどうかは，環境要因との複雑な相互作用による．一般的には，遺伝要因と環境要因のどちらか一方が強く，また，合計値が閾値を越えた場合に発症すると考えられている．

症状に関連する脳部位の変異 妄想や自我障害に関連する部位はよくわかっていないが，幻聴や陰性症状については比較的多くの所見が得られている．

多くの研究で，幻聴を体験している患者には左半球の異常が存在すると指摘されている(石垣，2001)．右利きの人の大半は左半球に言語野(言語機能をつかさどる大脳皮質)が存在する．したがって，本来は言語的刺激を受けて活動する脳部位が刺激なしでも活動をはじめたり，自分の心のなかで話されている(「内言語」とも呼ばれる)意識がなくなったりすることが幻聴の原因なのではないかと考えられている．

陰性症状は，おもにCTスキャンやfMRIを用いた研究結果から，前頭葉の先端部(前頭前野と呼ばれる部位)の活動低下が原因で生じるのではないかと考えられている．前頭前野は，意欲，感情調節，注意，遂行機能などをつかさどるため，この部位の活動低下は自閉性や非社交性(意欲の障害)，感情の平板化(感情調節の障害)，注意散漫(注意の障害)，などの症状を引き起こすという

のである．

(b) 心理学的メカニズム

　統合失調症の発生や維持の機能障害は，心理学的にはどのように解明されているのだろうか．そのメカニズムをいくつかの理論を紹介しながら述べる．

症状別アプローチの展開　統合失調症をひとつの精神疾患として扱う方法を「疾患中心アプローチ」と呼ぶのに対し，妄想・幻聴・自我障害・陰性症状といった症状を扱う方法を**症状別アプローチ**と呼ぶ．

　これまで，精神医学や臨床心理学では，統合失調症を疾患中心アプローチから理解しようとする動きが大勢だった．このアプローチでは，症状を脳の障害から発生すると考えており，統合失調症の心理メカニズムも健常者とは質的に全く違うとする．統合失調症を脳という器官の機能障害ととらえる視点は医学的視点ともいえる．したがって，現在も精神医学ではこの観点からの研究が多い．

　これに対して，症状別アプローチでは，症状を妄想，幻聴，自我障害，自閉，などのように症状を分解して個々の研究を行う．こうした症状別アプローチによる研究は1980年代後半から始まった．そして，この研究によって，それぞれの症状(体験)は，健常者でも珍しいものではないことがわかってきた．たとえば，幻聴は一般成人の10〜30％が体験しており，妄想は10〜50％の人が体験しているという調査報告がある(Birchwood & Jackson, 2001)．上記のように調査によって体験率は大きく異なるものの，仮に幻聴や妄想が健常者にも生じる心理的体験ならば，通常の心理学の手法を用いた分析も可能になるであろう．つまり，症状別アプローチでは，異常心理と健常心理の橋渡しができると考えるのである．

　さらに，このように統合失調症を症状別アプローチで考えることは，患者の症状を「了解不能」で「特殊なもの」とみなさない態度でもある．したがって，このアプローチの普及は統合失調症の心理療法を発展させる大きな原動力にな

った．統合失調症が健常者と質的に異なるという観点に立つ疾患中心アプローチのもとでは，統合失調症に心理療法を実施することは無意味だと考えられがちだったからである．

以下，それぞれの症状について症状別アプローチにより，その心理学的メカニズムを解説する．

妄想の心理学的メカニズム　フロイト以来，妄想の心理学的理論は数多く提出されてきた．現在では，投影的帰属バイアス，自己標的バイアス，結論への飛躍バイアスの3つの認知的特徴を中心に研究が進められている．

（1）投影的帰属バイアス

フロイトの精神分析理論から導かれた「妄想の投影説」が起源になっている．投影とは，本当は自分のものである感情や欲求を，外界の対象に移し換えるという意味である．たとえば，自分の攻撃的な感情を自分では認めたくない場合に，他の人にそれを投影して，その人が自分を攻撃しようとしていると考えるのが被害妄想だということになる．とくにネガティヴな出来事の原因を自分ではなく他者に投影的に帰属することで，自分が守られるようにはたらく認知バイアスともいえる．

> コラム 7-2 | **妄想と帰属理論**
>
> 投影的帰属バイアスに基づいた，シュワーツによる抑うつと妄想の比較研究は有名である(Schwartz, 1963)．図7-2に示すように，ネガティヴな出来事の原因を「自分のせいだ」と考える(内的帰属)と抑うつになり，「他の人のせいだ」と投影(外的帰属)すると妄想になると彼は考えた．この説によると，妄想は，自尊心を傷つけず，自己価値を高めるために形成された思考だということになる．

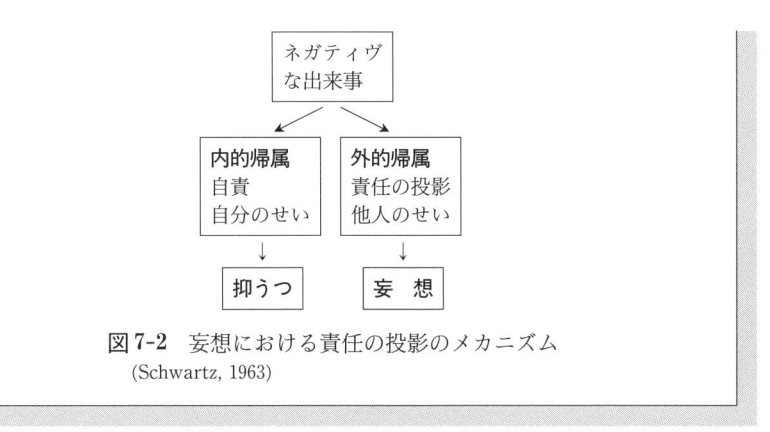

図 7-2 妄想における責任の投影のメカニズム
(Schwartz, 1963)

（2）自己標的バイアス

自分が他者から注目されている（標的になっている）と認知しやすい傾向のことをさす．このバイアスが高いと，偶然通りかかった人たちが笑っていたら，自分が笑われているのではないかと考えやすい．つまり，被害妄想，関係妄想，注察妄想などに関連するバイアスではないかと考えられている．

フェニグスタインは，学生に試験を返却する際，「このクラスでとくに成績の悪い学生がいる」と伝えてから，その学生が自分である可能性と，その学生が他者（自分の隣に座っている学生）である可能性を推定させる実験を行った．その結果，自分である可能性のほうが，他者である可能性よりも高かった(Fenigstein, 1984)．つまり，ネガティヴなことに関して，人は自分が標的だと認知しやすいのである．丹野と坂本は，大学生を対象とした調査研究から，自己標的バイアスが高いと妄想的な思考を抱きやすいと報告している（丹野・坂本，2001）．

（3）結論への飛躍バイアス

ガレティとヘムズレイは，妄想に無関係な課題でなければ，患者の認知バイアスを純粋に検討することはできないと考えた．そこで，次のような妄想とは無関係の中性的課題で，確率判断に関する実験を行った(Garety & Hemsley, 1994)．実験者は2つの箱のどちらかから，赤と緑のビーズ玉を被験者からは

見えないように1つずつ取り出す．1つの箱には赤のビーズ玉が全体の8割，緑のビーズ玉が2割入っている．逆に，もう1つの箱には赤のビーズ玉が全体の2割，緑のビーズ玉が8割入っている．たとえば，ある箱から取り出されたビーズ玉の色が，順に赤，緑，赤，緑，緑，となったとしよう．被験者である患者は，取り出されたビーズ玉を見て，どちらの箱から取り出されたかを当てる，という課題である．これによって，回答までの取り出し個数と正答率がわかる．彼らの実験では，取り出される玉の色（順番）は事前に決められていたので，「決定までの取り出し個数」や事前・事後の確率推定の理論値は，「ベイズの定理」という確率理論から計算することができた．その結果，取り出し個数だけをみると，妄想を抱く患者群（以下，妄想群とする）は，健常群やうつ病患者群と比較して，統計的に有意に少なかった．これは，妄想群特有の，証拠が少なくても結論にとびついてしまう**結論への飛躍**(jump to conclusion)と呼ばれる推論バイアスを表している．また，事後の確率推定について調べると，妄想群が他の群より強い確信を持ちやすいこともわかった．

幻覚の心理学的メカニズム　スレイドとベンタルは，幻覚5因子論という理論を提示している(Slade & Bentall, 1988)．そのなかで，すべての幻覚を発生させやすい要因として，次の5つを挙げている．

（ⅰ）ストレスによって容易に覚醒度が上昇する傾向

　　覚醒度が容易に上昇すると，効率的な情報処理が妨げられる．そのため，現実と幻覚との区別がつきにくくなる．

（ⅱ）幻覚を体験しやすい素因

　　スレイドとベンタルは「被暗示性（暗示にかかりやすいこと）」を素因として挙げている．

（ⅲ）環境刺激の減少

　　すべての感覚を遮断してしまう実験的環境に置かれると，健常者でも幻覚が発生することはよく知られている．交通騒音のような規則性のない刺激下でも幻覚が発生しやすい．

（iv）幻覚の「強化」作用
　幻覚によって不安が低減するような事態が発生すると，それが強化因子になりうる．
（v）予期
　「存在すると予期するもの」を見たり聞いたりしやすい．この予期には，社会文化的影響が大きい．たとえば，その地域で信仰されている宗教で大切にされている現象が見たり聞いたりされやすい．

幻聴の心理学的メカニズム　幻聴のメカニズムを心理学的に説明した理論で代表的なものはチャドウィックとバーチウッドの幻聴の認知行動モデルである (Chadwick & Birchwood, 1994)．図7-3 はその模式図である．

　彼らによると，統合失調症の患者が訴える苦痛は，幻聴そのものからではなく，幻聴をどう認知するかによって生じる．図7-3でも，幻聴の内容(A)がポジティヴであろうとネガティヴであろうと，認知(B)がそれを悪意に解釈するか善意に解釈するかによって，結果としての感情(C)と行動(D)が変わる．それを裏づけるものとして，彼らの調査では，約3分の1の患者で，幻聴の内容と認知は一致していなかった．つまり，AとBのむすびつきはそれほど強くないということになる．一方，認知と感情・行動の間には強い結びつきがあった．つまり，幻聴を悪意に解釈すればネガティヴ感情と抵抗行動が起こる．逆に，善意に解釈すればポジティヴ感情と協調行動が起こるのである．

　彼らの説は，認知を修正することによって幻聴からの苦しみを軽減できる，

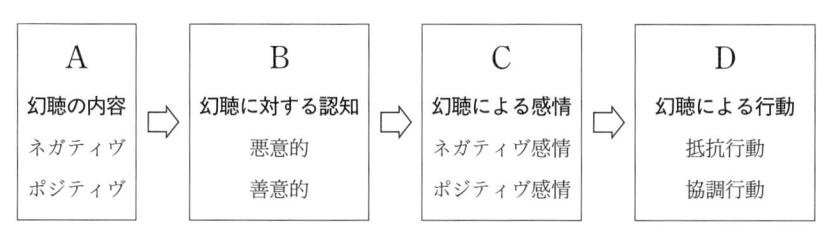

A	B	C	D
幻聴の内容	幻聴に対する認知	幻聴による感情	幻聴による行動
ネガティヴ ポジティヴ	悪意的 善意的	ネガティヴ感情 ポジティヴ感情	抵抗行動 協調行動

図7-3　幻聴の認知行動モデル
(Chadwick & Birchwood, 1994 にもとづいて作成)

つまり，心理的介入が有効であることを示唆している．

妄想と幻覚の神経心理学理論　症状別アプローチのなかに，神経心理学によって症状を解明しようというものがある．以下，フリスの理論とヘムズレイの理論というふたつの代表的な理論を紹介する．

フリスの理論によると，統合失調症の患者は，外的刺激によって引き起こされた心理的・身体的活動と，自分の意思で引き起こされた活動の区別ができなくなっている(Frith, 1992)．健常者では両者を自動的に区別する情報処理システムがはたらいているが，脳の中脳-海馬系構造と前頭葉皮質をつなぐ経路の異常によって，このシステムが故障するとフリスは考えた．この理論は，対話性の幻聴や自我障害を理解するには適している．自我障害のなかでもとくに「させられ体験」は，まさにこの理論にあてはまる．思考や行動が，自分の意思ではなく，他者の意思(外的要因)で引き起こされると感じられる体験だからである．また，対話性幻聴における「対話」の内容はあくまでも患者自身が考えていることなのだが，この理論にしたがうと，思考の自己所属感がなくなり，あたかも他者と自分が話しているかのように(つまり，外的刺激が存在しているかのように)感じられるのではないかと考えられる．

また，ヘムズレイの神経心理学的理論はふたつの観点から成り立っている(Hemsley, 1993)．まず，健常者には，環境から与えられる自分にとって適切な情報と不適切な情報を選別する能力がある．統合失調症の患者ではこの選別能力に障害がある．本人にとっては何も関連ない情報も自分にとって適切で重要な情報として受け取ってしまう傾向があるので，妄想知覚や関係妄想が出現すると彼は考えた．

次に，患者には記憶と知覚の混同が生じている．つまり，現在の感覚入力と記憶との照合に失敗しているため，過去に他者から言われたことや自分の思考・イメージが外からの情報として知覚され「幻聴」になると考えた．

こうした選別や照合に関連する脳部位は海馬だと考えられている．ヘムズレイは，統合失調症の患者の海馬に，実際に機能異常が生じていることを発見し

た．そして，この異常によって異常知覚や偏った推論が生じるのではないかと考えた．

(c) 社会学的メカニズムの研究

他の精神障害と同様に，統合失調症の発症や再発を引き起こしやすくする社会的要因としては，失恋，死別，転居，就職，進学などのライフイベントや対人関係のストレスが考えられている．

また，統合失調症ではとくに家族内のストレスと緊張が，統合失調症の再発可能性を高める．これは**家族の感情表出**(Expressed Emotion：EE)についての研究から明らかになった．以下，この家族の感情表出についての研究を紹介する．

社会学者のブラウンらは，家族が統合失調症の患者に対してどのような感情を抱いているかを評価する**カンバウェル家族面接法**(Camberwell Family Interview：CFI)を開発した(Brown et al., 1972)．これによって統合失調症の再発に関連する家族の態度が明らかになった．再発を誘発するかどうかを調べる家族の態度としては次の3つである．

① 批判的コメント(患者の行動や性格を批判すること)．
② 敵意(家族が患者に敵意を抱いていること)．
③ 情緒的巻き込まれすぎ(家族が患者に対して，患者の行動に対しておおげさな情緒的反応を示したり，過度に献身的に行動したり，過保護な行動をとること)．

これを裏付けるためにブラウンらはCFIを実施し，感情表出の多い家族(高EE家族)と少ない家族(低EE家族)に分類し調査した．患者の治療から9カ月後の再発率を調べると，患者の再発率は，高EE家族は58%だったが，低EE家族は16%であった．

ブラウンらの研究を受けついだレフとヴォーンの研究成果をまとめたものが図7-4である(Leff & Vaughn, 1980)．

この図から，次のようなことがわかる．

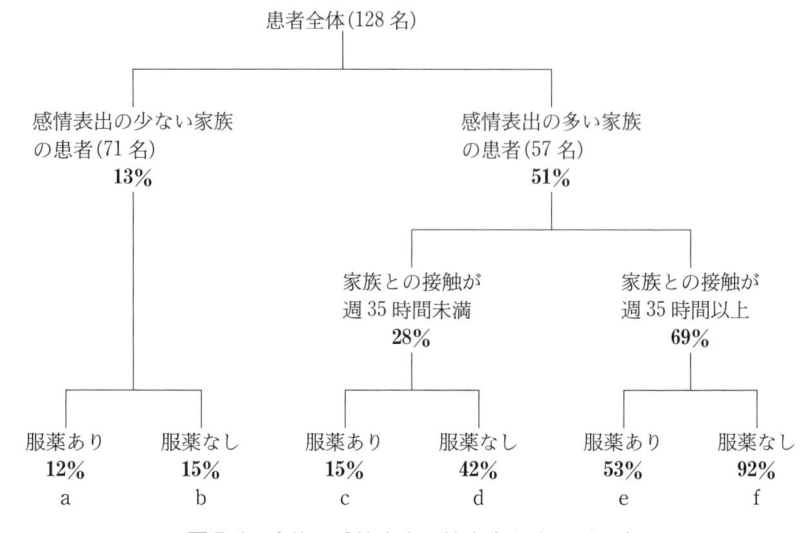

```
                    患者全体(128名)
                    ┌──────┴──────┐
          感情表出の少ない家族      感情表出の多い家族
             の患者(71名)           の患者(57名)
                13%                    51%
                                ┌───────┴───────┐
                          家族との接触が      家族との接触が
                          週35時間未満       週35時間以上
                             28%               69%
          ┌────┴────┐    ┌────┴────┐    ┌────┴────┐
        服薬あり  服薬なし 服薬あり 服薬なし 服薬あり 服薬なし
         12%      15%     15%    42%    53%    92%
          a        b       c      d      e      f
```

図 7-4　家族の感情表出と統合失調症の再発率
％は退院後 9 カ月の再発率を示す．

① 高 EE 家族の患者は低 EE 家族の場合より再発率が高い．
② 家族との接触時間を「週 35 時間未満」と「週 35 時間以上」に分けると，接触時間の長いほうが再発率は高い．
③ 抗精神病薬を規則的に服用していない患者は再発率が高い．

彼らの研究と同じ結果が日本を含む多くの国で追認された．こうした研究成果から，家族の感情表出をターゲットする家族介入法が開発されるようになった．これについては，次節で述べる．

7-4　統合失調症の治療

統合失調症では，生物学レベルだけでなく，心理学レベル，社会学レベルと，広範囲に障害が出現する．したがって，生物-心理-社会の統合モデル(第 2 章参照)にもとづいた総合的な治療が大切である．このモデルにもとづいて，(a)生物学的治療(薬物療法)，(b)心理学的介入(心理療法)，(c)社会的・地域

的介入が併用される．

　近年では，これらの治療法，介入法が進歩したため，外来通院のみで対応できるケースが増えた．しかし，さとし君もそうであったように，安静な環境を必要とし，一時的に入院する場合も少なくない．

　以下，それぞれの療法，介入について詳細に見ていこう．

（a）生物学的治療法（薬物療法）

　統合失調症には，薬物療法が第一選択の治療法である．前述のように，陽性症状に対しては，ドーパミン系神経の活動を抑える薬が大きな効果をあげる．したがって，活発化しすぎたドーパミン系神経の活動を抑えるために，神経細胞の表面にあるドーパミン受容体をブロックしてドーパミンを取り込みすぎないような形で作用する薬が一般的である．

　さらに，薬物療法には再発を防止する効果もある．ただし，薬物療法は，陽性症状に対しては明らかに効果があるが，陰性症状に対して効果があるという科学的な証拠はない．また，持続的な投与によっておこる身体への副作用もないわけではない．経過をみながら計画的に投薬する必要がある．

　なお，近年新しく開発された，クロザピン，リスペリドン，オランザピンなどの薬は，これまでの薬物よりも治療効果がずばぬけて高いわけではないが，耐性（薬への慣れ）を生じにくく，従来のような副作用も比較的少ないため服薬しやすくなっている．これは，脳科学や神経生化学の進歩によって，問題となるドーパミン受容体だけをブロックしたり，ドーパミンに影響を与える他の神経伝達物質を調節したりすることが可能になったからである．

　こうした薬物療法の発展によって，統合失調症への治療は明らかに進歩した．

（b）心理学的介入法（心理療法）

　心理療法としては，種々の療法が開発されているが，とくに効果が高く近年よく用いられる認知行動療法を紹介する．

認知行動療法　1980年代後半から統合失調症の症状，とくに幻聴や妄想に対する認知行動療法が開発されるようになった．

ガレティをはじめとするロンドン大学のグループは，統合失調症の妄想や幻聴に対する認知行動療法を開発している(Fowler *et al.*, 1995)．これは，外来通院患者を対象として，週1回1時間，20回(6カ月)を標準として行われる方法である．その目的は，統合失調症の症状をなくすことではなく，症状によって引きおこされる苦痛を減らすことにある．そのために，患者が統合失調症についてよく理解し，症状や障害に対処する方法を学習すること重視する．

治療は6つの段階からなる．各段階にかける時間は，患者一人ひとりで異なる．また，患者の状態や抱えている問題によって，ある段階をスキップしたり，順番を入れ替えたりすることもある．

第1段階は，治療関係の確立とアセスメントにあてられる．患者(クライエント)と治療者との間に治療的協力関係を確立し，治療に対する患者のモチベーションを高める．また，患者の現在の症状と問題点をアセスメントする段階である．

第2段階は，患者の症状に対する自己コントロールを確立する．患者に苦痛を与える妄想や幻聴といった症状を特定し，それによる苦痛や抑うつを和らげる対処法を身につける時期である．

第3段階は，ケースフォーミュレーションを実施する時期である．症状発生のメカニズムについて，患者ごとにモデル化をして，患者自身の症状に対する理解を深める．こうした作業はフォーミュレーション(定式化)とよばれる．この作業を行うことで，心理学的な介入を行う治療方針を立てることが可能になる．

コラム 7-3　ケースフォーミュレーションの例

ある男性患者について，ガレティは図7-5に示すようなフォーミュレーションを行った(丹野ら，2004)．

この患者は，小さい頃から皮膚病にかかっており，まわりの子どもからいじめられたり，家族仲がよくないという「社会的な脆弱性」をもっていた．これによって，「人は敵意を持っている」とか「自分は負け犬だ」といったネガティヴなスキーマが作られた(a)．スキーマとは，その人の人生観や世界観を表す信念である．そして，父親が不治の病にかかったり，皮膚病が悪化したり，恋人と別れたといったストレスが発病のきっかけとなった(b)．このストレスによって，「かさぶた男」とか「エイリアン」という幻聴が聞こえるようになり，食べ物の味が変わるという幻味も体験した(c)．また，同時に，抑うつや対人不安という感情の変化(d)もあった．それによって，幻聴や幻味という体験を，妄想的に解釈するようになったのである(e)．これによって，「世間は私の敵である」とか「人々は私を傷つける」といった妄想がつくられた(g)．これが陽性症状である．自分を責めたり，人や仕事を避けるといった回避行動は陽性症状を慢性化させる要因となる(h)．

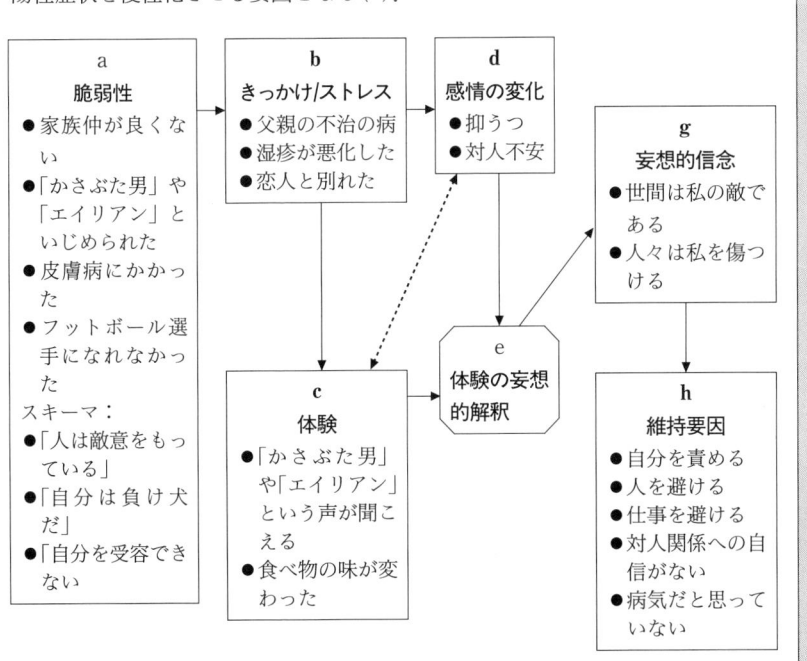

a 脆弱性	b きっかけ/ストレス	d 感情の変化	g 妄想的信念
●家族仲が良くない ●「かさぶた男」や「エイリアン」といじめられた ●皮膚病にかかった ●フットボール選手になれなかった スキーマ： ●「人は敵意をもっている」 ●「自分は負け犬だ」 ●「自分を受容できない」	●父親の不治の病 ●湿疹が悪化した ●恋人と別れた	●抑うつ ●対人不安	●世間は私の敵である ●人々は私を傷つける

c 体験	e 体験の妄想的解釈	h 維持要因
●「かさぶた男」や「エイリアン」という声が聞こえる ●食べ物の味が変わった		●自分を責める ●人を避ける ●仕事を避ける ●対人関係への自信がない ●病気だと思っていない

図7-5　統合失調症の陽性症状のケースフォーミュレーション
（丹野ら，2004を一部改変）

このようにケースフォーミュレーションを行うことによって，妄想の発生のメカニズムを患者と一緒に整理できる．そして，次の段階で患者と相談してどこに介入するかを決めることができる．

第4段階は，妄想や幻聴についての信念をターゲットとした介入が行われる時期である．それらの信念を支持する証拠はあるのか，信念に反する証拠はないのか，といったことを患者と一緒に明らかにしていく．抑うつや不安障害に対する認知行動療法の技法を妄想や幻聴に応用したものである．

統合失調症では，不合理かつ非現実的な信念を強く抱いていることが多く，妄想や幻覚以外の症状も多いため，抑うつや不安障害よりも信念の修正には時間がかかる．なにより患者と治療者の信頼関係が非常に大切である．

第5段階では，抑うつ・不安と否定的自己評価の改善をめざす時期である．否定的自己評価は，妄想を発生させる基本的な（中核的な）信念になり，抑うつや不安といった感情は妄想発生の引き金になったり維持要因になったりする．妄想や幻覚という症状に直接アプローチするのではなく，それらを誘発したり強化したりする要因にアプローチする段階ともいえる．第4段階同様に，抑うつや不安障害に対する認知行動療法の技法を用いて介入する．

第6段階は，終結期であり，再発予防のための戦略を考える．

これらの6段階は基本的な流れであり，実際には後述するような「認知リハビリテーション療法」，「症状対処方略増強法」なども加えて，認知の仕方や行動の改善のための訓練を行う．

先述したように，チャドウィックとバーチウッドは，認知行動理論を幻聴に適用した（Chadwick & Birchwood, 1994）．彼らの認知行動モデルは，図7-3に示したとおりである．この理論にもとづくと，幻聴の内容はどうであれ，幻聴に対する認知のあり方を変えれば，抑うつ気分などのネガティヴな感情や，自殺企図や攻撃行動などの問題行動は減らすことができると考えられる．

チャドウィックとバーチウッドは，幻聴を体験している統合失調症患者4名を対象として，「認知議論法」と「認知実験法」という2種類の認知行動療法を試みた．前者は，聞こえるのは誰の声か，声の目的は何かといったように，

認知について患者に仮想的な反証を出して考えさせたり，考えに反する事実をどう解釈するかを話しあったりする方法である．後者は，幻聴が発生しやすい状況を特定して，幻聴への対処行動を実際にとってみること(**行動実験**と呼ばれる)を通じて「幻聴をコントロールできない」という信念の変容をめざす方法である．その結果，どちらの方法を用いても幻聴に対する信念の確信度は大きく下がり，幻聴に対するネガティヴな感情が弱まり，協調的な行動が増えた．

認知行動療法の効果　認知行動療法の効果は実証されている．カイパースらは，統合失調症の患者を対象として，無作為割付対照試験(RCT)を行った(Kuipers et al., 1997)．これは，認知行動療法による介入群と，認知行動療法ではない介入が行われた対照群の2つに患者を無作為に割り振って，比較対照する方法である．治療終了時でも，終了から9カ月経った時点でも，認知行動療法群は症状全体，妄想の苦痛度，幻聴の頻度などにおいて，改善について対照群とは有意な差がみられた．

1996年には，イギリス政府の要請により，ロスとフォナギーがさまざまな治療効果研究をレビューし，「どの治療法が誰にきくのか(What Works for Whom?)」という報告書を出した(Roth & Fonagy, 1996)．それによると，統合失調症に対しては，家族介入法と認知行動療法が最も有効で，力動的心理療法や一般的なカウンセリングは効果が証明されなかった．このように，統合失調症の心理療法においても，実証にもとづく態度(治療効果を目に見える形で示そうとする態度)によって，患者にとってよりよい治療法を考えることは大切である．

認知リハビリテーション療法　最近大きく注目されているのが，ロンドン大学精神医学研究所のワイクスを中心とするグループが行っている**認知リハビリテーション療法**である(Wykes & Reeder, 2005)．

認知リハビリテーション療法は，もともと脳損傷や発達障害を持つ人に対して行われてきた訓練法だが，統合失調症の認知機能障害にも効果をあげている．

ワイクスらの認知リハビリテーション療法では，週3回，1回1時間程度の訓練を行う．認知心理学や神経心理学で使われている認知課題や図版を基にした多様な心理学的訓練法を用いて認知機能をトレーニングする．

　その治療効果について，ワイクスらは，fMRIを用いた効果研究を行っている．その結果，認知リハビリテーション療法で改善があった患者は，前頭葉の血流量が増えたと報告されている．先述したように，前頭葉，とくに前頭前野の機能低下は陰性症状と関連する．したがって，この方法は陰性症状の改善に有効なのではないかと考えられる．これまでの心理学的介入では陰性症状を改善させる有効な方法がなかっただけに，認知リハビリテーション療法に期待が寄せられている．

　症状対処方略増強法　妄想や幻聴が生じると，患者は症状を改善させたり苦痛を減らしたりしようとして，自発的にいろいろな手段を用いている．これを**症状対処行動**(coping)という．タリアは，統合失調症患者の陽性症状への症状対処行動を調べて，そのストラテジー（方略）によって分類し，表7-4のようにまとめた(Tarrier, 1992)．

　たとえば，幻聴が聞こえた場合は，幻聴に集中しないように娯楽や仕事を始めたり（行動的ストラテジー），大きな音で音楽を聴いたりテレビを見たりして感覚入力を操作したり（感覚的ストラテジー），注意を逸らすために別のことを考えたり（認知的ストラテジー）していた．これらは適応的対処行動である．しかし，自分の行動に文句をつける幻聴に対して言い返したり，苦痛のあまりに自分を傷つける行為をする場合もある．これらは不適応的対処行動である．タリアの調査では，一般に，社会生活への適応度の高い患者は，適応度の低い患者にくらべて，一貫して同じ適応的対処行動をとり，陽性症状の引き金となる刺激に対して自覚的であった．

　そこで，適応的対処行動を学習し，不適応的対処行動を消去するよう患者にはたらきかければ，症状を「方略的に」コントロールできるようになるだろう．タリアは，これを**症状対処方略増強法**(Coping Strategy Enhancement：

表7-4 統合失調症の陽性症状への対処ストラテジー

1 認知的ストラテジー
　(a) 注意転換：注意を別の刺激に向ける．例)気晴らし
　(b) 注意狭小化：注意の範囲を狭める．
　(c) 自己対話：頭の中で，ある行動をとれと自分に命令したり，その出来事の原因を再帰属する．
2 行動的ストラテジー
　(a) 非対人活動のレベルを上げる：運動や散歩などの活動を行う(対人関係を要しない活動)．
　(b) 対人活動のレベルを上げる．
　(c) 対人活動のレベルを下げる：対人関係から身を引いたり，回避したりする．
　(d) 現実検討：出来事のいろいろな説明や解釈について，実際に行動して比較検討してみる．
3 感覚的ストラテジー
　感覚的入力を変える．
4 生理的ストラテジー
　身体の生理的な状態を変える．例) リラクセーション，呼吸コントロール

CSE) と呼んだ．

　問題解決法について治療者と患者がディスカッションする介入法にくらべて，症状対処方略増強法のほうが有意に症状を低減させるとタリアはいっている．また，多くの臨床研究によってその治療効果が明らかにされ，アメリカ精神医学会の治療ガイドラインにも引用される標準的な治療技法になっている．

(c) 社会・地域的介入法

　統合失調症の社会学的療法は，おもに患者の予後改善のために行われる．アメリカ精神医学会による治療ガイドライン(APA, 1997)には，統合失調症に対する社会・地域的介入として，ケースマネジメント，コミュニティ療法，生活技能訓練(SST)，職業リハビリテーション，自助グループなどが挙げられている．

　日本でも，患者の社会復帰を目的として，生活技能訓練，生活療法(生活指導・作業療法・レクリエーション療法)，家族介入法などが行われ，また，デ

イケア・ナイトケア（昼間・夜間だけの通所治療）などでのリハビリテーション活動も行われている．

以下，いくつか主要なものを紹介する．

生活技能訓練（SST）　統合失調症を青年期に発症すると，対人関係スキルを十分身につけられないまま社会に出なければならないこともある．また，それまでに獲得された対人関係スキルが症状によってうまく使えなくなっていることもある．生活技能訓練（Social Skills Training：SST）は，1人対1人の対話から集団活動まで，幅広い社会的場面での患者のコミュニケーション能力を高める目的で行われる．統合失調症への心理社会的介入法のなかで治療手順や手法が最も明確にされている方法であり，日本でも多くの施設で取り入れられている．

その手法は学習理論を応用した，モデリング，強化，ロールプレイ，実生活訓練などの技法をプログラムのなかで用いるものである．したがって，広い意味でSSTも認知行動療法のひとつといえる．通常は，5〜10人程度の患者グループに，リーダーとコリーダーと呼ばれる治療者が入り，1回当たり1時間程度実施される．治療者は医師や心理士である必要はない．日本では，精神科ソーシャルワーカー（PSW），看護師，作業療法士（OT）などが行うことが多い．

SSTには，「基本訓練モデル」「注意焦点づけ訓練」「問題解決技能訓練」などの訓練法や「モジュール」などが含まれる（皿田，2003）．モジュールとは，生活を安定させるために必要な技能を課題領域別にまとめたもので，「会話訓練」「薬の自己管理」「余暇の過ごし方とレクリエーションスキル」「就労スキル」などがある．患者が苦手としている領域や患者のニーズに合わせて，これらの訓練法やモジュールを組み合わせたプログラムを実施する．実施期間はさまざまだが，日本では週1回3カ月から半年程度を1つのまとまりとしている場合が多い．

SSTは社会的場面での患者の能力を向上させ，患者の満足度も上がることが調査によって明らかにされている（Birchwood & Jackson, 2001）．

家族介入法　統合失調症の社会学的メカニズム(前節)でも述べたが，家族の高い感情表出(EE)は，統合失調症の再発率を高める．この研究成果に基づいて，家族の感情表出を減らしたり調整したりする**家族介入法**が開発されるようになった．

レフらは，家族教育プログラムを作った(Leff *et al.*, 1982)．このプログラムは3つの要素からなる．第一は，患者の家族を対象として，統合失調症の特徴・経過・治療について教育する．第二は，患者の家族のセッションであり，高EE家族内のコミュニケーションの改善を行う．第3は，家族の集団療法である．たとえば，高EE家族と，低EE家族の両方に集まってもらい，お互いの交流を促す．つまり，高EE家族が低EE家族について観察学習できるように促すのである．

こうした家族介入によって統合失調症の再発は明らかに減る．たとえば，レフらの研究によると，通常治療群(おもに薬物療法のみが行われている群)の9カ月後の再発率は50%なのに対し，家族介入群の再発率は8%しかない．24カ月後でも両群の再発率の差は大きい．また，別の調査でも，通常治療群の9カ月後の再発率は53%，家族介入群は12%であり，24カ月後でも両群の再発率の差は大きかった．1995年にアメリカ心理学会の臨床心理学部会が作成した心理療法のガイドラインでも，統合失調症に対する家族教育プログラム(家族介入法)は，「十分に確立された介入法」だとされている．

再発モニタリングシステム　早期発見，再発防止のための手法である．一般的に統合失調症が発病したり再発したりする直前には，「早期警告サイン」と呼ばれるさまざまな心理的変化や行動変化が現れることが知られている．これは，先述した前駆症状とほぼ同じだが，患者や家族が受け入れやすいように精神医学的用語ではなく「警告サイン」という用語を使うようになった．前駆症状にしろ早期警告サインにしろ，1人の患者には一貫しているが，個々で大きく異なるため，精神医学・心理学的な統合的見解はなかった．そこで，バーチウッドらは大規模調査を行った(Birchwood *et al.*, 2000)．その結果，早期警

告サインは①不安・緊張・不眠，②抑うつ・引きこもり・食欲不振，③脱抑制・攻撃・不穏，④初期精神病症状（幻聴のような体験や妄想的な思考を抱きやすいこと），などに分類できることがわかった．これらの早期警告サインは，面接法や質問紙法などによってアセスメントすることが可能である．

そこで，患者やその家族が早期警告サインを知って気をつけていれば，再発を予測したり早期に介入できるのではないかと考えられた．これが**再発モニタリングシステム**である．再発モニタリングの方法としては，①治療者-患者の関係づくりと心理的教育，②再発の早期警告サインを特定するアセスメント，③早期警告サインのモニタリング，④薬物療法の選択，⑤症状の急激な悪化に対する介入などの段階からなる．ここでは，患者と治療者との関係はもちろん，家族の協力や地域社会における支援組織の存在も重要な要素になっている．

社会・地域からの介入は，患者の予後を改善するため，薬物療法や心理学的介入法と組み合わせて用いられてきた．また，職業訓練は社会復帰にとって最も重要なことである．欧米ではさまざまな職種による雇用援助や，就活支援情報提供センターの設立などを通して，患者を社会的活動に参加するよう促している．日本では，障害者自立支援法などに基づいて就労支援が行われているが，欧米における援助にくらべると質，量ともにまだ十分ではない．

まとめ

統合失調症は，さまざまな症状，分類，経過をもつ複雑な精神障害である．しかし，現在では，①症状別アプローチに基づくアセスメント法，②副作用の少ない薬物（療法），③認知行動療法や家族療法を中心とする有効な心理療法，④多種類の社会福祉資源の充実，などが臨床場面でも行政・地域社会においても開発されており，予後は決して悪くないと考えられている．今後も，統合失調症の障害メカニズムの解明，および治療法の改善のためには，生物-心理-社会の統合的なアプローチが必要である．

〈問題〉

- 統合失調症の「機能障害」「生活障害」「社会的不利」とは何か．具体例を挙げて考えてみよう．
- 統合失調症の症状をあげてみよう．
- 統合失調症に対する「生物学的治療法」「心理学的介入法」「社会的・地域的介入法」には，それぞれ何があるかあげてみよう．

あとがき

　世界の心理学では，現在，3つの大きなパラダイムシフトがおこりつつある．第1は，本書で述べたように，精神分析療法から認知行動療法のパラダイムシフトである．認知行動療法は基礎心理学から出てきた技法であるから，このシフトは，心理療法が基礎心理学に裏づけられるようになった動きといってもよい．第2は，エビデンス(実証)にもとづく実践が定着したことである．これまで臨床家の勘だけにもとづいていた実践が，科学的なエビデンスにももとづいて行われるようになった．その根底には，基礎心理学と実践的心理学の交流が進み，基礎心理学の成果や方法論が実践にうまく生かせるようになったことがある．第3は，職業としての実践的心理学の確立である．英米では，科学者－実践家モデルにもとづいて訓練された臨床心理士が国家資格を持ち，臨床の現場で活躍するようになった．研究中心から実践支援へと心理学のパラダイムシフトがおこっているといってもよい．これら3つの動きはバラバラにおこったのではなく，互いに関連しながらおこったものである．認知行動療法の普及は，このような地殻変動の結果であって，一時的な流行などではない．こうした世界の流れからみると，日本の臨床心理学は遅れていると言わざるをえない．
　臨床心理学はこれからどんどん伸びていく領域であり，若い世代の活躍が期待されている．臨床心理学を志す方は，ぜひ世界のパラダイムシフトに目を向けていただきたい．
　新しい臨床心理学の広範な内容を単独で執筆することは難しいため，本書は3名の共著となった．本書の第1～4章と第6章は丹野義彦が担当し，第5章は坂本真士が，第7章は石垣琢麿が担当した．
　最後になったが，遅々たる仕事を見守ってくださり，辛抱強く支えていただいた岩波書店編集部の樋口祐美さんと吉田宇一さんに深く感謝したい．

2009年8月

著者を代表して
丹野義彦

読書案内──さらに学習するために

序　章

丹野義彦(2001)：『エビデンス臨床心理学』日本評論社.
　　大学院生を対象として，臨床心理学の研究の最前線を伝える目的で書かれた．最近の認知病理学の理論から，さまざまな精神病理のメカニズムを解明し，認知行動療法へとつなげていくという臨床心理学の基本的な考え方を伝える．
マツィリア, J. & ホール, J.(編) 下山晴彦(編訳)(2003)：『専門職としての臨床心理士』東京大学出版会.
　　臨床心理学の全体像を解説した基本書である．臨床心理士の業務を，①心理学的アセスメント，②認知行動療法，③治療効果の評価，④研究の4つとして，他の職種(たとえばカウンセラーや精神科医)との違いを明確にしている．わが国の臨床心理士志望の方に広く読んでいただきたい．
丹野義彦(2006)：『認知行動アプローチと臨床心理学──イギリスに学んだこと』金剛出版.
　　イギリスでは，臨床心理士の仕事が社会から高く評価され，国のシステムを動かすほどになっている．本書で強調した認知行動療法や「エビデンスに基づく実践」の動向がイギリスでは非常にはっきりしている．こうしたイギリスの臨床心理士の現場に著者が赴いて，そうした動向を紹介した本である．日本の臨床心理士のあり方を考えるために示唆に富む．
下山晴彦・丹野義彦(編)(2001〜2002)：『講座 臨床心理学(全6巻)』東京大学出版会.
　　日本に新しい臨床心理学の実践と研究を定着させることを目的として刊行された．総論，研究法，異常心理学Ⅰ・Ⅱ，発達臨床心理学，社会臨床心理学の6つの領域から，臨床心理学のあるべき姿を模索した．
丹野義彦(共編)(2003〜)：『叢書 実証にもとづく臨床心理学』東京大学出版会.
　　本書でも強調した「エビデンスに基づく実践」を日本に定着させることを目的として刊行された．『抑うつの臨床心理学』『不安障害の臨床心理学』『統合失調症の臨床心理学』『臨床認知心理学』『臨床社会心理学』などの巻から成り立っている．各巻の著者は日本の新しい臨床心理学のリーダーとして育っている．

第1章

丹野義彦(2003)：『性格の心理』サイエンス社.
　　性格心理学の多様な側面を，ビッグファイブの枠組みによって統一的に理解できるように書かれた．また，臨床心理学，異常心理学，生物学といった観点も重視

して，性格のすべての側面をレビューできるように工夫してある．

辻平治郎(編)(1998)：『5因子性格検査の理論と実際――こころをはかる5つのものさし』北大路書房．
　ビッグファイブについて，いろいろな側面から具体的に説明している．本章でとりあげたFFPQについても詳しい解説がある．

杉浦義典・丹野義彦(2008)：『パーソナリティと臨床の心理学――次元モデルによる統合』培風館．
　臨床心理学における混沌とした事象について，ビッグファイブという次元モデルから統一的に考えようとした意欲作．

若林明雄(2009)：『パーソナリティとは何か――その概念と理論』培風館．
　性格心理学について広い視野から総説した専門書．性格心理学の最前線の話題を詳しく解説している．日本人の手によって書かれた本格的な専門書として優れている．

第2章

丹野義彦・坂本真士(2001)：『自分のこころからよむ臨床心理学入門』東京大学出版会．
　心理テストの実習によって，自分の心の中にある「異常」の芽を見つめることから異常心理学に入っていくように工夫された入門書である．

デビソン，G. C. & ニール，J. M.(著)村瀬孝雄(監訳)(1997)：『異常心理学』誠信書房．
　DSMに準拠して，いろいろな異常心理について，わかりやすく解説した教科書．とても分厚い本なので，一見すると大事典のように見えるが，実は，アメリカの大学では，授業の教科書としてふつうに使われている．こんなところに，日米の大学教育の違いが現れている．

下山晴彦・丹野義彦(編)(2002)：『講座 臨床心理学3　異常心理学Ⅰ』，『講座 臨床心理学4　異常心理学Ⅱ』東京大学出版会．
　この講座は日本に新しい臨床心理学の研究を定着させることを目的として刊行された．第3巻と第4巻は，不安障害・発達障害・パーソナリティ障害・抑うつ・統合失調症について，最近の臨床心理学研究を詳しく紹介している．

アメリカ精神医学会(編)，高橋三郎・大野裕・染矢俊幸(訳)(2000)：『DSM-Ⅳ-TR精神疾患の診断・統計マニュアル 新訂版』医学書院．
　DSMは，各精神疾患の診断基準(定義)とその解説からなっている．喩えると法律家の六法全書にあたる．六法全書は，読んでおもしろいわけではないが，法律家にとっては座右の書である．DSMもそれと同じく，精神科の臨床や研究を行うものにとっての座右の書である．

第3章

丹野義彦(2001)：『エビデンス臨床心理学』日本評論社.
　　臨床心理学の発展において，心理アセスメントの発展がどれだけのパワーを発揮するかについて，わかりやすく解説した．また，心理アセスメントの技法が臨床現場の中でどのように使われているか，具体的な研究を例にとって説明した．

下山晴彦(編)(2000)：『臨床心理学研究の技法』福村出版.
　　臨床心理学の研究で使われるアセスメント技法について，そのエッセンスを伝えてくれる教科書である．面接法や質問紙法だけでなく，質的方法やフィールドワークなど周辺的な方法論についても触れている．

北村俊則(1995)：『精神症状測定の理論と実際 第2版』海鳴社.
　　精神症状のアセスメント技法について，網羅的に紹介する本として，日本で唯一の本としてたいへん貴重である．それらの技法が製作された過程や信頼性・妥当性のデータについて，詳しく解説してある．

上里一郎(編)(2001)：『心理アセスメントハンドブック 第2版』西村書店.
　　臨床場面で使われる心理アセスメント技法について，網羅的に紹介している．臨床現場においてもハンドブックとして利用できる．

第4章

内山喜久雄・坂野雄二(編)(2008)：『認知行動療法の技法と臨床』日本評論社.
　　第一線の臨床心理学者が総出で，わが国の認知行動療法の最前線をまとめた本．認知行動療法のいろいろな技法について詳しく解説した後，いろいろな心理的障害に対する認知行動療法の実際を報告し，最後に病院臨床以外の関連領域との連携についてまとめている．

伊藤絵美(2005)：『DVD 認知療法・認知行動療法カウンセリング初級ワークショップ』
　　認知療法・認知行動療法の実施法についてDVDで解説した教材．アセスメントの仕方や実際の治療セッションの進め方など，認知行動療法の基本が理解できるように作られている．

佐治守夫・岡村達也・保坂亨(2001)：『カウンセリングを学ぶ』東京大学出版会.
　　来談者中心療法を出発点として，カウンセリングの技法を体験学習するために作られた本である．

ドライデン, W. & レントゥル, R.(著)，丹野義彦(監訳)(1991)：『認知臨床心理学入門——認知行動アプローチの実践的理解のために』東京大学出版会.
　　認知病理学や認知行動療法についての最先端の研究を紹介した中級者向けの教科書．各章には詳しい「日本語で読める文献案内」がついている．

第5章

坂本真士・丹野義彦・大野裕（編著）(2005)：『抑うつの臨床心理学』東京大学出版会.
　　抑うつについて生物・心理・社会の3側面から解説した点が特徴的である．前半では基礎心理学領域から抑うつについて解説し，後半では実践領域における基礎と臨床と協働について解説している．

上島国利・樋口輝彦・野村総一郎・大野裕・神庭重信・尾崎紀夫（編）(2008)：『気分障害』医学書院.
　　気分障害について，医学領域に限らず，幅広い視点からまとめられた事典である．最新の知見が紹介されており，参考書として最適である．

野村総一郎(2008)：『うつ病の真実』日本評論社.
　　うつ病について，歴史，適応的な意味，診断，治療とさまざまな点から述べられており，読み応え十分である．専門的な内容を含みながら，平易な書き方がなされており，精神科的な知識がなくても十分読むことができる．

第6章

クラーク，D. & エーラーズ，A.(著)，丹野義彦(編訳) (2008)：『対人恐怖とPTSDへの認知行動療法——ワークショップで身につける治療技法』星和書店.
　　本章で示した社交恐怖の認知理論を提唱したクラーク本人が来日して行った臨床のワークショップ（講習会）の記録である．また，PTSDの認知行動療法についても解説されている．不安障害の治療で使われる技法がわかりやすく紹介されている．

リアリィ，M. R.(著)，生和秀敏(監訳) (1983)：『対人不安』北大路書房.
　　対人不安がおこるメカニズムについて，社会心理学の立場から解明した本．これまでの条件づけ説・スキル欠如説・認知説を整理したうえで，著者独自の自己提示理論を打ち出している．リアリーの理論は，社会心理学と臨床心理学を結びつけ，心理学に大きな影響を及ぼした．

坂野雄二・丹野義彦・杉浦義典(編) (2006)：『不安障害の臨床心理学』東京大学出版会.
　　各種の不安障害の発生メカニズムや治療についての最先端の知見を紹介した解説書である．この本により，日本の研究が世界水準に達してきたことがわかるだろう．

ウェルズ，A. & マシューズ，G.(著)，箱田裕司・津田彰・丹野義彦(監訳) (2002)：『心理臨床の認知心理学——感情障害の認知モデル』培風館.
　　不安障害の素因である神経症傾向について，認知心理学の観点からとらえなおし，不安障害の心理療法の基礎を考えた本である．少し専門的であるが，不安障害を認知心理学から理論的に解明しようとした労作であり，科学的な臨床心理学の構築に大きな影響を与えた．

第7章

大熊輝夫(2008)：『現代臨床精神医学 改訂第11版』金原出版．
　DSMやICDの症状項目だけを見ても，統合失調症の全体像はなかなか理解できない．まず，精神医学が統合失調症をどのように捉えているかを知るために，精神医学のテキストを読んでみることをお勧めする．テキストはたくさん世に出ており，どれを読んでもかまわないが，筆者はこの大熊氏のテキストから多くのことを学んだ．
　興味のある人は，クレペリンやブロイラーなどの古典的名著を手にとってみてはどうか．中井久夫や木村敏など，日本の精神病理学者による著作も多い．ただし，専門知識がないとかなり難しい．

バーチウッド，M. & ジャクソン，C.(著)，丹野義彦・石垣琢麿(訳)(2006)：『統合失調症――基礎から臨床への架け橋』東京大学出版会．
　タイトルにもあるように，統合失調症に関する基礎的知識から治療論までが概説されている．生物学的観点，心理学的観点，社会学的観点から内容がバランスよく網羅されており，英国の臨床心理士養成課程ではテキストとして用いられている．著者は2人とも臨床心理学者である．

三野善央(2003)：『レッスンとうごうしっちょうしょう』メディカ出版．
　とてもわかりやすく，内容的にも充実している統合失調症の概説書．研究書ではないが，当事者や家族にも勧められるので，心理教育のために用いてもよい．

横田正夫・丹野義彦・石垣琢麿(編著)(2003)：『統合失調症の臨床心理学』，東京大学出版会．
　基礎から臨床まで，統合失調症に関する心理学研究が，日本でほぼ初めて編集された本．心理学の基礎的な知識がないと難解だろうが，特に後半の「個人へのアプローチ」は世界に通用するレベルの研究論文集である．

キングドン，D. G. & ターキングトン，D.(著)，原田誠一(訳)(2002)：『統合失調症の認知行動療法』日本評論社．

キングドン，D. G. & ターキングトン，D.(著)，原田誠一(監訳)(2007)：『症例から学ぶ統合失調症の認知行動療法』日本評論社．
　これも英国の臨床心理学者による著作である．統合失調症に対する認知行動療法が詳しく説明されている．心理療法が実際にどのような働きをするのか，外からはなかなかわからない．しかし，本書では多くの実例が掲載されているので，認知行動療法の理論と実践が治療の場にいるかのように理解できる．この他にも，金子書房の『認知行動療法の臨床ワークショップ1・2』と『ワークショップから学ぶ認知行動療法』のシリーズには，本文で紹介したガレティらの研究と技法が紹介されている．

浦河べてるの家(2005)：『べてるの家の「当事者研究」』医学書院．

伊藤絵美・向谷地生良(2007)：『認知行動療法、べてる式。』医学書院．

「べてるの家」の活動は心理学や精神医学を越えて，他の分野にも大きな影響を与えている．「当事者研究」は，当事者自信が自分の症状や日常生活を「研究」したものである．こうした試みはこれまでまったく存在せず，非常にユニークである．統合失調症を詳しく知りたい人は，学術書とともにぜひ読んでほしい．伊藤・向谷地の著作には興味深いDVDが付いているので，理解を助けてくれる．

参 考 文 献

序章

Marzillier, J. & Hall, J.(Eds.) (1999)：What is clinical psychology? 3rd Edition. Oxford University Press. 下山晴彦(編訳)：専門職としての臨床心理士，東京大学出版会，2003.

第1章

Cloninger, C., Svrakic, D. & Przybeck, T.(1993)：A psychobiological model of temperament and character. *Archives of General Psychiatry*, **50**, 975-990.
井沢功一朗(1996)：T. Millonのパーソナリティ・スタイル8類型の因子的妥当性の検証，性格心理学研究，**4**，10-22.
木島伸彦・斉藤令衣・竹内美香・吉野相英・大野裕・加藤元一郎・北村俊則(1996)：Cloningerの気質と性格の7次元モデルおよび日本語版 Temperament and Character Inventory(TCI). 精神科診断学，**7**, 379-399.
Millon, T. & Davis, R.(1996)：An evolutionary theory of personality disorders. In Lenzenweger & Clarkin(Eds): Major theories in personality disorders. Guilford Press.
宮城音弥(1998)：性格類型論によるパーソナリティの理解，詫摩武俊(編)性格．日本評論社，pp. 1-14.
辻平治郎・藤島寛・辻斉・夏野良司・向山泰代・山田尚子・森田義宏・秦一士(1997)：パーソナリティの特性論と5因子モデル——特性の概念，構造，および測定，心理学評論，**40**，pp. 239-259.
辻平治郎(編)(1998)：『5因子性格検査の理論と実際——こころをはかる5つのものさし』北大路書房．

第2章

American Psychiatric Association(2000)：Diagnostic and Statistical Manual for Mental Disorders, 4th Edition, Text Revision; DSM-IV-TR. 高橋三郎・大野裕・染矢俊幸(訳)：DSM-IV-TR精神疾患の診断・統計マニュアル新訂版．医学書院，2004.
Holmes, T. & Rahe, R.(1967)：The social readjustment rating scale. *Journal of Psychosomatic Research*, **11**, 213-218.
Rogers, R. C.(1951)：A theory of personality and behavior. 伊東博(編訳)：パース

ナリティ理論，ロージァズ全集 8. 岩崎学術出版社，1967.

第3章

Hathaway, S. & McKinley, J.(1943): The Minnesota Multiphasic Personality Inventory. Psychological Corporation.

第4章

Crits-Christoph, P., Frank, E., Chambless, D. L., Brody, C. & Karp, J. F.(1995): Training in empirically validated treatments: What are clinical psychology students learning? *Professional Psychology*, **26**, 514-522.

Eysenck, H. J.(1952): The effects of psychotherapy: an evaluation. *Journal of Consulting Psychology*. **16**, 319-324.

Mayne, T., Norcross, J. & Sayette, M.(2006): Insider's Guide to Graduate Programs in Clinical Psychology. 2006/2007 Edition. Guilford Press.

大熊輝雄(1997)：現代臨床精神医学．金原出版．pp. 482-489.

Smith, M. & Glass, G.(1977): Meta-analysis of psychotherapy outcome studies. *American Psychologist*, **32**, 752-760.

Shapiro, D. A. & Shapiro, D.(1982): Meta-analysis of comparative therapy outcome studies: A replication and refinement. *Psychological Bulletin*, **92**, 581-604.

第5章

Abramson, L. Y., Seligman, M. E. P. & Teasdale, D.(1978): Learned helplessness in humans: Critique and reformulation. *Journal of Abnormal Psychology*, **87**, 49-74.

Alloy, L. & Abramson, L.(1979): Judgements of contingency indepressed and non-depressed students: sadder but wiser? *Journal of Experimental Psychology: General*, **108**, 441-485.

Beck, A. T., Ward, C. H., Mendelson, M., Mock, J. & Erbaugh, J.(1961): An inventory for measuring depression. *Archives of General Psychiatry*, **4**, 561-571.

Blackburn, I.(1989): Severely depressed in-patients. In J. Scott J. M. G. Williams & A. T. Beck(Eds.): Cognitive Therapy in Clinical Practice. Routledge, 1-24.

Bower, G. H.(1981): Mood and memory. *American Psychologist*, **36**, 129-148.

Duval, S. & Wicklund, R. A.(1972): A theory of self-awareness. Academic Press.

Forgas, J. P.(1992): Affect in social judgments and decisions: A multiprocess model. *Advances in Experimental Social Psychology*, **25**, 227-275.

Fuchs, C. Z. & Rehm, L. P.(1977): A self-control behavior therapy program for

depression. *Journal of Consulting and Clinical Psychology*, **45**, 206-215.
川上憲人(2003)：心の健康問題と対策基盤の実態に関する研究．厚生労働科学研究費補助金　厚生労働科学特別研究事業　心の健康問題と対策基盤の実態に関する研究　平成14年度総括・分担報告書．
Nolen-Hoeksema, S.(1987)：Sex differences in unipolar depression: Evidence and theory. *Psychological Bulletin*, **101**, 259-282.
Nolen-Hoeksema, S. & Morrow, J.(1991)：A prospective study of depression and posttraumatic stress symptoms after a natural disaster: The 1989 Loma Prieta earthquake. *Journal of Personality and Social Psychology*, **61**, 115-121.
大熊輝雄(1997)：現代臨床精神医学．金原出版，pp. 482-489.
Radloff, L. S.(1977)：The CES-D scale: A new self-reportdepression scale for research in the general population. *Applied Psychological Measurement*, **1**, 385-401.
Rehm, L. P.(Ed.)(1981)：Behavior therapy for depression. Academic Press.
Rush, A. J., Beck, A. T., Kovacs, M. & Hollon, S.(1977)：Comparative efficacy of cognitive therapy and pharmacotherapy in the treatment of depressed outpatients. *Cognitive Therapy and Research*, **1**, 17-37.
坂本真士(1997)：自己注目と抑うつの社会心理学，東京大学出版会．
坂本真士・大野裕(2005)：抑うつとは．坂本真士・丹野義彦・大野裕(編)，抑うつの臨床心理学，東京大学出版会，7-28.
坂本真士・丹野義彦・大野裕(編)(2005)：抑うつの臨床心理学，東京大学出版会．
Scheier, M. F.(1976)：Self-awareness, self-consciousness, and angryaggression. *Journal of Personality*, **44**, 627-644.
Sedikides, C.(1992)：Attentional effects on mood are moderated by chronic self-conception valence. *Personality and Social Psychology Bulletin*, **18**, 580-584.
鈴木高士(2001)：スキーマ．山本眞理子・外山みどり・池上知子・遠藤由美・北村英哉・宮本聡介(編)，社会的認知ハンドブック，北大路書房，266.
Swann, W. B. Jr.(1983)：Self-verification: Bringing social reality into harmony with the self. In J. Suls & A.G. Greenwald (Eds.)：Psychological Perspectives on the self. Vol. 2. Erlbaum, 33-66.
田島治(2007)：SSRIの功罪——新規抗うつ薬の光と影．精神神経学雑誌，**109**, pp. 381-388.
Teasdale, J. D.(1985)：Psychological treatments for depression: How do they work? *Behaviour Research and Therapy*, **23**, 157-165.
富家直明(2004)：どうして憂うつになるのか？　坂本真士・佐藤健二(編)はじめての臨床社会心理学．有斐閣，pp. 41-61.
富家直明(2005)：抑うつと原因帰属．坂本真士・丹野義彦・大野裕(編)抑うつの臨

床心理学.東京大学出版会,pp. 97-116.
Zung, W. W. K.(1965): A self-rating depression scale. *Archives of General Psychiatry*, **12**, 63-70.

第6章

安倍北夫(1983):緊急事態・パニックとそれへの対応.臨床精神医学,**12**,pp. 559-566.
Clark, D. M.(1986): A cognitive approach to panic. *Behaviour Research and Therapy*, **24**, 461-470.
Clark, D. M., Salkovskis, P. M. & Chalkley, A. J.(1985): Respiratory control as a treatment for panic attacks. *Journal of Behavior Therapy and Experimental Psychiatry*, **16**, 23-30.
Clark D. M., Salkovskis P. M., Hackmann A., Middleton H., Anastasiades P. & Gelder M. G.(1994): A comparison of cognitive therapy, applied relaxation and imipramine in the treatment of panic disorder. *British Journal of Psychiatry*, **164**, 759-769.
Clark, D. M. & Wells, A.(1995): A cognitive model of social phobia. In R. Heimberg, M. Liebowitz, D. A. Hope & F. R. Schneier(Eds.): *Social Phobia: Diagnosis, Assessment and Treatment*. Guilford Press.
Craske, M. G., Brown, T.A., Meadows, E.A. & Barlow, D.H.(1995): Uncued and cued emotions and associated distress in a college sample. *Journal of Anxiety Disorders*, **9**, 125-137.
傳田健三(2007):不安障害の診断と治療——パニック障害,社会不安障害,強迫性障害.精神神経学雑誌,**109**,pp. 389-397.
Ehlers, A., Margraf, J., Roth, W., Taylor, C. & Birbaumer, N.(1988): Anxiety induced by false heart rate feedback in patients with panic disorder. *Behaviour Research and Therapy*, **26**, 1-11.
原井宏明(1999):強迫性障害の行動療法.精神療法,**25**,pp. 307-313.
Jones, M. C.(1924): A laboratory study of fear: The case of Peter. *Pedagogical Seminary*, **31**, 308-315.
金井嘉宏(2008):社会不安障害.内山喜久雄・坂野雄二(編),認知行動療法の技法と臨床,日本評論社,pp. 180-188.
宮野秀市(2006):ヴァーチャルリアリティ療法.坂野雄二・丹野義彦・杉浦義典(編),不安障害の臨床心理学,東京大学出版会,pp. 131-133.
Thyer, B .A., Parrish, R., Curtis, G., Nesse, R. & Cameron, O.(1985): Ages of onset of DSM-III anxiety disorders. *Comprehensive Psychiatry*, **26**, 113-22.
Watson, J. B. & Rayner, R.(1920): Conditioned emotional reactions. *Journal of*

Experimental Psychology, **3**, 1-14.

渡部昌祐(1994)：抗不安薬の選び方と用い方 改訂第2版．金原出版．

Wells, A.(1998)：Cognitive Therapy of Social Phobia. In N. Tarrier, A. Wells & G. Haddock(Eds.)：Treating Complex Cases: The Cognitive Behavioural Therapy Approach. Wiley.

第7章

American Psychiatric Association(2000)：Diagnostic and statistical manual of mental disorders. 4th Edition, Text Revision. APA. 高橋三郎・大野裕・染谷俊幸(訳)：DSM-IV-TR 精神疾患の診断・統計マニュアル，医学書院，2002．

American Psychiatric Association(1997)：Practice guideline for the treatment of patients with schizophrenia. APA. 日本精神神経学会(監訳)：米国精神医学会治療ガイドライン精神分裂病，医学書院，1999．

Andreasen, N. C. & Olsen, S.(1982): Negative v positive schizophrenia. Definition and validation. *Arch Gen Psychiatry*. **39**(7), 789-94.

Birchwood, M., Fowler, D. & Jackson, C.(2000)：Early intervention in psychosis. Wiley.

Birchwood, M. & Jackson, C.(2001)：Schizophrenia. Psychology Press. 丹野義彦・石垣琢麿(訳)：統合失調症——基礎から臨床への架け橋，東京大学出版会，2006．

Birchwood M. & Preston M.(1991)：Schizophrenia. In W. Dryden & R. R. Rentoul (Eds.)：Adult Clinical Problems: A Cognitive-Behavioural Approach. Routledge. 丹野義彦(監訳)：認知臨床心理学入門．東京大学出版会，1996．

Brown, G., Birley, J. & Wing, J.(1972)：The influence of family life on the co urse of schizophrenic disorders: A replication. *British Journal of Psychiatry*, **121**, 241-258.

Chadwick, P. & Birchwood, M.(1994)：The omnipotence of voices: A cognitive approach to auditory hallucinations. *British Journal of Psychiatry*, **164**, 190-201.

Crow T. J.(1980)：Molecular pathology of schizophrenia: More than one disease process? *British Medical Journal,* **280**, pp. 66-68.

Fenigstein, A.(1984)：Self-consciousness and the overperception of self as target. *Journal of Personality and Social Psychology*, **47**, 860-870.

Fenigstein, A. & Vanable, P.(1992)：Paranoia and self-consciousness. *Journal of Personality and Social Psychology*, **62**, 12-13.

Fowler, D., Garety, P. & Kuipers, E.(1995)：Cognitive Behaviour Therapy for Psychosis. Wiley.

Frith C. D. (1992) : The cognitive neuropsychology of schizophrenia. Lawrence Erlbaum Association Ltd. 丹羽真一・菅野正浩(監訳):分裂病の認知神経心理学. 医学書院, 1995.

Garety P. A. & Hemsley D. (1994) : Delusions : investigations into the psychology of delusional reasoning. London, The Institute of Psychiatry. 丹野義彦(監訳):妄想はどのようにして立ち上がるか. ミネルバ書房, 2006.

Hemsley, D. (1993) : Perceptual and cognitive abnormalities as the basis for schizophrenic symptoms. In A. S. David & J. Cutting (Eds.) : The cognitive neuropsychology of schizophrenia. Lawrence Erlbaum Association Ltd.

石垣琢麿(2001):幻聴と妄想の認知臨床心理学——精神疾患への症状別アプローチ, 東京大学出版会.

石垣琢麿(2004):精神病の認知の査定. 下仲順子(編著):臨床心理査定技法1(臨床心学全書 第6巻), 第4章. 誠信書房.

Jaspers, K. (1948) : Allgemeine psychopathologie, 5 Auflage. 内村祐三・西丸四方・島崎敏樹・岡田敬蔵(訳):精神病理学總論, 岩波書店, 1971.

Kuipers, E., Garety, P., Fowler, D. et al. (1997) : London-east anglia randomised controlled trial of cognitive-behavioural therapy for psychosis. I: Effects of the treatment phase. *British Journal of Psychiatry*, **171**, 319-327.

Leff, J. & Vaughn, C. (1980) : The interaction of life events and relatives' expressed emotion in schizophrenia and depressive neurosis. *British Journal of Psychiatry*, **136**, 146-153.

Leff, J., Kuipers, E., Berkowitz, R., Eberlein-Vries, R. & Sturgeon, D. (1982) : A controlled trial of social intervention in the families of schizophrenic patients. *British Journal of Psychiatry*, **141**, 121-134.

Meehl, P. E. (1962) : Schizotaxia, schizotypy, schizophrenia. *American Psychologist*, **17**, 827-838.

正木秀和・西川徹(2007):統合失調症の治療薬開発研究.臨床精神医学, **36**, 43-51.

大熊輝雄(2008):現代臨床精神医学 第11版. 金原出版.

Roth, A. & Fonagy, P. (Eds.) (1996) : What works for whom? Routledge.

佐々木淳・丹野義彦(2003):自我漏洩感を体験する状況の構造. 性格心理学研究, **11**, pp. 99-109.

皿田洋子(2003):生活技能訓練からのアプローチ. 横田正夫・丹野義彦・石垣琢麿(編):統合失調症の臨床心理学, pp. 17-40.

Schwartz, D. (1963) : A re-view of the "Paranoid" concept. *Archives of General Psychiatry*, 8, 349-361.

Slade P. D. & Bentall R. P. (1988) : Sensory deception. The Johns Hopkins University Press.

丹野義彦・石垣琢麿・杉浦義典(2000)：妄想的観念の主題を測定する尺度の作成．心理学研究，**71**，pp. 379-386.

丹野義彦・坂本真士(2001)：自分のこころからよむ臨床心理学入門．東京大学出版会．

丹野義彦・坂野雄二・長谷川寿一・熊野宏昭・久保木富房(編)(2004)：認知行動療法の臨床ワークショップ2――アーサー ＆ クリスティン・ネズとガレティの面接技法．金子書房．

Tarrier, N.(1992)：Management and modification of residual positive symptoms. In M. Birchwood & N. Tarrier(Eds.)：Innovations in the Psychological Management of Schizophrenia. Wiley.

Wykes T. & Reeder C.(2005)：Cognitive Remediation Therapy For Schizophrenia: Theory and Practice. Brunner-Routledge.

索　引

英数字

BDI　78, 96
CES-D　78
DSM　30, 44, 46, 104
DSM-IV　30, 76
DSM-IV-TR　30
FFPQ　18, 19
fMRI　145
GABA　33
HRS-D　→ハミルトン抑うつ評定尺度
ICD　30
MCMI　18, 19, 24
MEG　→脳磁図
MMPI　→ミネソタ多面人格目録
NEO-PI-R　18, 19
NIRS　→近赤外線光トポグラフィ
NMDA　149
PTSD　→心的外傷後ストレス障害
SCID　48-50
SDS　78
STAI　113
TCI　18, 19, 26

ア行

IQ　54
　比率——　54
　偏差——　55, 56
アゴラフォビア　109
異常心理学　5
一卵性双生児　150
イメージエクスポージャー法　126
因子分析　15
因子論　15

陰性症状　143
ヴァーチャルリアリティ　127
うつ病　76
エイブラハムソン, L. Y.　85
エクスポージャー法　126
　イメージ——　126
　現実——　126
　反応制止——　128
エビデンス(実証)にもとづく実践　69
エリス, A.　80
オペラント条件づけ　119

カ行

外向性　16, 18, 22
解体型　144
海馬　156
回避行動　119
開放性　16, 18, 22
覚醒剤　149
覚醒度　154
確認強迫　106
家族介入法　163, 167
家族の感情表出(EE)　157
家族療法　64
観察者視点の自己注目　131
感情鈍麻　142
感情の平板化　142
観念奔逸　141
カンバウェル家族面接法(CFI)　157
気質　19
気性　19
基礎心理学　2, 11
機能障害　136
気分一致効果　89

逆制止療法　128
急性ストレス障害　104, 112
共感的理解　62
共通要素　65
強迫観念　106
強迫行為　106
強迫性障害　104, 106
近赤外線光トポグラフィ(NIRS)　145
緊張型　145
勤勉性　16, 18, 23
クロニンジャーの生物学的気質理論　24
芸術療法　64
系統的脱感作療法　128
ケースフォーミュレーション(事例の定式化)　44, 130, 160
結論への飛躍バイアス　153
原因帰属　85
幻覚　140
幻嗅　140
言語新作　142
言語野　150
幻視　140
現実エクスポージャー法　126
現実脱感作療法　128
現実歪曲型　144
幻触　140
幻聴　140
幻味　140
効果量　67
考想化声　140
構造化面接法　17, 47
考想吹入　140
考想奪取　141
考想伝播　140
行動実験　163
行動病理学　39
行動療法　40, 63, 99, 125
行動理論　7, 118

誇大妄想　139
古典的条件づけ　118
個別式知能検査　54
雇用援助　168

サ 行

再発防止　167
再発モニタリングシステム　167
させられ体験　141
自我障害　140
自我漏洩感　141
刺激統制法　125
思考形式の異常　141
自己視線恐怖　111
自己臭恐怖　111
自己注目　87, 101
　観察者視点の——　131
自己標的バイアス　153
自己理論　37
事象関連電位(ERP)　145
自他境界　141
疾患別アプローチ　151
実践的心理学　3
質問紙法　17, 46, 47
自動思考　81
シナプス　33
シナプス間隙　33
自閉性　142
社会的不利　137
社交恐怖　104, 110
習慣的性格　19
集団式知能検査　55
集団療法　64
自由連想法　61
障害者自立支援法　168
症状対処行動　164
症状対処方略増強法　164
症状評価質問紙　48, 49, 53, 113, 146
症状評価尺度　48-50, 113, 146

症状別アプローチ　151
状態不安　115
職業訓練　168
自律訓練法　64
進化心理学　33
新奇性追求　25
神経症傾向　15, 18, 22, 117
神経伝達物質　33
診断基準　30
診断面接基準　48, 49, 113, 146
心的外傷(トラウマ)　112
心的外傷後ストレス障害(PTSD)
　　　104, 112
侵入思考　107
心配　112
信頼性　56
心理アセスメント　5
心理療法　5
心理療法のガイドライン　69
推論の誤り　81
スキゾタイプ　149
スキゾタクシア　149
性格
　習慣的――　19
　役割的――　19
性格5因子論　15, 19
性格心理学　4
性格の特性論　14
性格の類型論　14
生活障害　137
精神運動貧困型　144
精神分析学　37
精神分析療法　61
精神分析理論　6
青斑核　121
生物-心理-社会の統合モデル　32, 60
赤面恐怖　111
セロトニン　33
前駆症状　138

洗浄強迫　106
前頭前野　150
全般性不安障害　104, 112
素因ストレスモデル　36, 79, 117
早期警告サイン　167
早期発見　167
損害回避　25

タ 行

対人恐怖症　111
対人不安　111
多軸診断システム　31, 33
妥当性　56
チーム医療　60
窒息-誤警報仮説　121
調和性　16, 18, 23
治療効果研究　65
つつぬけ体験　140
抵抗分析　61
転移　61
投映的帰属バイアス　152
投映法　17
統合失調症型　149
統合失調症の2過程理論　143
ドーパミン　33
ドーパミン仮説　149
ドーパミン受容体　159
特性不安　115
特性論　14
　性格の――　14
特定の恐怖症　104

ナ 行

内言語　150
日常生活能力　137
人間学理論　7
認知議論法　162
認知行動療法　64, 69, 130, 159
認知実験法　162

認知の歪み　79, 92
認知病理学　40
認知リハビリテーション療法　163
認知療法　40, 63, 92
認知理論　9, 121
脳磁図（MEG）　146
ノルアドレナリン　33

ハ 行

パーソナリティ障害（人格障害）　20, 24, 26
破瓜型　144
パニック障害　104, 107, 121
パニック発作　108
ハミルトン抑うつ評定尺度（HRS-D）　78, 96
半構造化面接法　17, 47
反応制止エクスポージャー法　128
反応統制法　128
被暗示性　154
被害妄想　139
比較試験　66
　　無作為化——　66
非構造化面接法　17, 47
ビッグファイブ　15, 17, 19
否定的自己評価　162
表情恐怖　111
病理的な不安　104
比率IQ　54
広場恐怖　104, 109
不安階層表　126
不安障害　104
　　——の進化論的理解　115
フラッシュバック症状　112
ベイズの定理　154
ベック　79
偏差IQ　55, 56
報酬依存　25

マ 行

ミネソタ多面人格目録（MMPI）　51
ミロンの進化論的理論　23
無作為化比較試験　66
無条件の肯定的配慮　62
メタ分析　67
滅裂思考　142
面接の構造化の程度　46
面接法　17, 46
　　構造化——　17, 47
　　半構造化——　17, 47
　　非構造化——　17, 47
妄想　139
　　誇大——　139
　　被害——　139
妄想型　144
妄想気分　139
妄想構築　144
妄想体系　144
妄想知覚　139
妄想着想　139
妄想的観念チェックリスト（DICL）　147
モジュール　166

ヤ 行

薬物療法　60, 123, 159
役割的性格　19
遊戯療法　64
養子研究　150
陽性症状　143
抑圧　37
抑うつ　76
　　——スキーマ　82
　　——スパイラル　83
　　——リアリズム　90
抑うつ気分　76
抑うつ症状　76

抑うつスキーマ　82
抑うつスパイラル　83
抑うつ的自己注目スタイル　87
抑うつリアリズム　90
予後　145

　　　　ラ　行

来談者中心療法　62

ライフイベント　35, 157
両価性　142
臨床心理学　4, 11
類型論　14
　性格の――　14
連合弛緩　141

丹野義彦
東京大学文学部心理学科卒業．医学博士．現在は，東京大学大学院総合文化研究科教授．
著書として，『認知行動アプローチと臨床心理学』(金剛出版)．編著書として，『講座臨床心理学全6巻』(東京大学出版会)，『叢書実証にもとづく臨床心理学』(東京大学出版会)など．

坂本真士
東京大学教養学部教養学科卒業．博士(社会心理学)．現在は，日本大学文理学部教授．
著書として，『自己注目と抑うつの社会心理学』(東京大学出版会)，『ネガティブ・マインド』(中公新書)．編著書として，『はじめての臨床社会心理学』(有斐閣)，『これからの心理臨床』(ナカニシヤ出版)など．

石垣琢麿
東京大学文学部卒業，浜松医科大学医学部卒業．博士(学術)．精神保健指定医，精神科専門医，臨床心理士．現在は，東京大学大学院総合文化研究科教授．
著書として，『幻聴と妄想の認知臨床心理学』(東京大学出版会)，編著書として『統合失調症の臨床心理学』(東京大学出版会)，訳書として『統合失調症——基礎から臨床への架け橋』(東京大学出版会)など．

心理学入門コース6
臨床と性格の心理学

2009年9月15日　第1刷発行

著　者　丹野義彦　坂本真士　石垣琢麿
　　　　たんのよしひこ　さかもとしんじ　いしがきたくま

発行者　山口昭男

発行所　株式会社　岩波書店
　　　　〒101-8002 東京都千代田区一ツ橋2-5-5
　　　　電話案内 03-5210-4000
　　　　http://www.iwanami.co.jp/

印刷・三秀舎　カバー・半七印刷　製本・三水舎

© Yoshihiko Tanno, Shinji Sakamoto and Takuma Ishigaki 2009
ISBN 978-4-00-028116-4　Printed in Japan

Ⓡ〈日本複写権センター委託出版物〉本書を無断で複写複製(コピー)することは，著作権法上の例外を除き，禁じられています．本書をコピーされる場合は，事前に日本複写権センター(JRRC)の許諾を受けてください．
JRRC〈http://www.jrrc.or.jp eメール: info@jrrc.or.jp 電話: 03-3401-2382〉

時代の要請に応える，新しい心理学テキストの決定版
心理学入門コース
全7巻

心理学は，社会学や教育学から脳科学や情報科学にいたるまで，さまざまな周辺諸科学との学際的な連携を深め，多方向に進展をみせている．また，現実社会で起きている多様な「心の問題」に対して，具体的で有効な解決策を提示しはじめている．「実際に使える応用の学」を意識した，自学自習にも使える入門的テキスト．

A5判，上製カバー

* **1** 知覚と感性の心理学 ……………… 244頁　定価 2730円
  三浦佳世

* **2** 認知と感情の心理学 ……………… 264頁　定価 2730円
  高橋雅延

  3 教育と学習の心理学
  秋田喜代美

  4 発達と加齢の心理学
  遠藤利彦

* **5** 社会と人間関係の心理学 …… 256頁　定価 2520円
  松井　豊・上瀬由美子

* **6** 臨床と性格の心理学 ……………… 208頁　定価 2730円
  丹野義彦・坂本真士・石垣琢麿

* **7** 脳科学と心の進化 ………………… 256頁　定価 2730円
  渡辺　茂・小嶋祥三

＊既刊(2009年9月現在)

―――― 岩波書店刊 ――――
定価は消費税5%込です
2009年9月現在